Liderazgo

Métodos Definitivos Para La Motivación, La Influencia Y El Exito (Mejorar La Comunicación En Los Negocios E Influir Fácilmente En Los Miembros Del Equipo Para Lograr El Éxito)

Kirk Frías

Publicado Por Daniel Heath

© **Kirk Frías**

Todos los derechos reservados

ISBN 978-1-989808-21-4

Este documento está orientado a proporcionar información exacta y confiable con respecto al tema y asunto que trata. La publicación se vende con la idea de que el editor no esté obligado a prestar contabilidad, permitida oficialmente, u otros servicios cualificados. Si se necesita asesoramiento, legal o profesional, debería solicitar a una persona con experiencia en la profesión.

Desde una Declaración de Principios aceptada y aprobada tanto por un comité de la American Bar Association (el Colegio de Abogados de Estados Unidos) como por un comité de editores y asociaciones.

TABLA DE CONTENIDO

Parte 1

Introducción

Felicitaciones, has descargado Liderazgo: Mejore la Comunicación en los Negocios e Influencie a los Miembros del Equipo para Alcanzar el Éxito Fácilmente

Si está buscando desarrollar su capacidad de liderazgo por primera vez, es importante que tenga en cuenta que es simplemente una habilidad y que, como toda habilidad, puede ser mejorada y desarrollada con la práctica. Si ya cuenta con una comprensión sólida de los conceptos básicos, hay muchas formas y estilos de liderazgo que se discuten en éste libro, de los que también puede aprender. Independientemente de su nivel de liderazgo actual, aférrese al viejo adagio que dice "la práctica hace al maestro" y verá cómo se convierte en un líder más exitoso y efectivo a medida que van pasando los días, semanas y meses.

En los primeros tres capítulos se hablará

acerca de la importancia de pensar como un líder y de lo que realmente significa, antes de pasar a discutir cómo convertir esos pensamientos con acciones. Una vez que haya aprendido a pensar y actuar como líder, el capítulo 3 le habla acerca de cómo organizarlo todo y cómo saber cuándo se debe poner en práctica éstas habilidades. A partir de ese momento, en cada uno de los capítulos del 4 al 10, se hablará en detalle sobre los diferentes estilos de liderazgo y se explicarán los pros y contras de cada uno de ellos, así como cuándo es el mejor momento para implementar un estilo determinado y cómo hacerlo de la manera más efectiva posible.

Existen muchos libros acerca de éste tema en el mercado, gracias de nuevo por elegir éste. Se hizo un gran esfuerzo por asegurar que tuviera la información más útil posible, ¡disfrútelo!

Capítulo 1: Piense como Líder

La palabra líder significa muchas cosas diferentes para cada persona. Sin embargo, existen algunas consistencias en las diferentes y variadas definiciones. En el fondo, un líder es alguien que otras personas buscan para obtener nuevas ideas o en quien confían mientras ven las nuevas tendencias aparecer. Si bien, un título puede convertirlo en líder, superficialmente, convertirse en un verdadero líder requiere un poco más que eso. Afortunadamente, los siguientes trucos y consejos pueden hacer que la transición de líder designado por un título a verdadero líder, sea mucho más manejable.

Cuando se lidera un equipo es importante que aquellos, que se supone que deben seguirle, no perciban el temor que siente en su nueva posición. Sentir miedo por una nueva responsabilidad es algo natural; la forma en la que reacciona para manejarlo, es lo que le importa a los que lo siguen. Para ayudarle a encontrar la actitud adecuada, de tal forma que su equipo responda correctamente, se recomienda seguir los siguientes consejos.

Siéntase seguro

Al igual que con muchas habilidades interpersonales, es importante fingir que se siente seguro en su nueva posición, con el fin de ganar tiempo para obtener esa seguridad de manera natural. Todo nuevo líder tiene una ventana de tiempo, relativamente pequeña, para transmitirle a su equipo que es realmente la persona indicada para el trabajo y proyectarles seguridad, ya sea que la sienta o no. Esto es algo fundamental dentro de éste proceso.

La seguridad también puede ayudar a superar cualquier error de conocimiento inicial que pueda tener al ocupar una nueva posición. Estas situaciones son incómodas, sólo si lo permite. Si esto llega a suceder, simplemente admita tu falta de conocimiento en ese punto de una manera segura y enfóquese en cómo puede seguir adelante. El conocimiento específico y las habilidades de liderazgo no tienen nada que ver la una con la otra. Sin embargo, es importante que haga un esfuerzo por aprender constantemente y mejorar, a medida que avanza. Mientras más conocimiento adquiera, más seguro se sentirá.

Analice cuidadosamente sus primeras decisiones

Sus primeras decisiones como líder de un nuevo equipo de trabajo, establecerán las expectativas del equipo para el resto del tiempo que les quede por trabajar juntos, por lo que es importante analizarlas varias veces antes de actuar. Las decisiones que parecen ser tomadas de manera apresurada o severa, pueden hacerle ver como alguien que es duro con la gente por temas insignificantes; mientras que lo opuesto, puede hacer que el equipo sienta que, como pensaban, no tienen por qué hacer caso de su autoridad. En una situación como ésta, un enfoque medio que le haga ver como una persona razonable, pero firme, tiende a producir los mejores resultados. Al hacer esto, le permitirá al equipo sentir que son respetados y los animará a que den lo mejor de sí, siempre.

Sea la persona con más conocimiento en la sala

La manera más fácil de probarse a sí mismo con un nuevo equipo de trabajo, es demostrando sus competencias en la tarea que se les haya asignado. No saber algún detalle en específico al principio está bien, pero si con frecuencia no lo sabe, su equipo nunca lo respetará como líder. Saber en lo que se está metiendo hará más fácil proyectar confianza, lo que a su vez, hará que se acostumbre más fácilmente a su nueva posición. Lea con frecuencia libros especializados relacionados con su línea de trabajo y ponga en práctica lo que aprendió hasta que se vuelva algo natural.

Apéguese a sus decisiones

Un buen líder no solamente toma decisiones unilaterales, sino que sabe cuándo es apropiado o no solicitar un aporte al equipo. Permitirles participar en las decisiones puede ser una buena manera de hacer que respeten su liderazgo; pero, independientemente del tipo de decisión que esté tomando, una vez que la haya tomado, debe mantenerse en ella. A menos, que haya algo que le demuestre que la decisión tomada no es la correcta; nunca debe vacilar frente al equipo al momento de tomar las decisiones. En cualquier caso, si ellos están de acuerdo con sus decisiones o no, su equipo respetará, indudablemente, su habilidad para mantenerse firme en su posición, cuando sea realmente necesario.

Conozca a su equipo

Esta es una cuerda floja muy difícil de caminar para muchos líderes, puesto que es muy importante conocer a las personas con las que se está trabajando y, al mismo tiempo, estar lo suficientemente alejado como para mantener el control, cuando las cosas se están saliendo de su cauce. Tómese el tiempo para conocerlos, en los lugares adecuados, y aclararles que realmente se preocupa por ellos, como las personas que son. Recuerde, un líder no es nadie sin su equipo. Si su equipo sabe que se preocupa por ellos, le ayudará a actuar de una manera más natural a su alrededor, lo que se traduce en una mayor confianza. También es de ayuda para que acepten las decisiones difíciles que tenga que tomar de manera inevitable, porque saben que, en última instancia, se preocupa por ellos.

Conocer verdaderamente a su equipo y preocuparse por ellos, no quiere decir que los mime o que les permita dictar los términos de su relación. Debe recordarles que Usted es el líder por una razón y que, por definición, le deben tener en cuenta para decidir lo que es mejor para todos. Asegúrese de escuchar siempre las quejas, ideas o preguntas que tenga su equipo, pero tenga presente que un líder debe tomar decisiones difíciles, incluso aunque no sean los más aceptable.

Comparta el crédito, asuma la culpa

Cuando se trata de alcanzar el éxito como equipo, los malos líderes tienden a acaparar el crédito, pero los buenos líderes hacen saber que el logro alcanzado no se hubiera podido conseguir sin el aporte de cada uno de los individuos que hicieron parte del trabajo. Los líderes que acaparan el crédito pasan de largo, los líderes que comparten el crédito son recordados. Ser el líder también significa proteger al equipo, si su equipo falla, esa culpa debe recaer directamente en Usted y en nadie más. Si su equipo teme ser responsabilizado personalmente por cada error, nunca buscará el éxito por miedo a equivocarse.

Capítulo 2: Actúe como un Líder

Una vez que se aprende a pensar como líder, se vuelve más fácil actuar como tal. Mientras se ocupa de su día a día, ponga en consideración las siguientes acciones y las consecuencias que pueden tener para su equipo.

Hable cuidadosamente

Cuando sólo era un miembro del equipo y olvidaba hacer algo en lo que se había comprometido, podía admitir su error, asumir las consecuencias y seguir adelante. Pero como líder, su equipo espera que mantenga su palabra, incluso si la conversación se dio de paso y no estaba prestando mucha atención, ya sea por una razón válida o no. Su equipo necesita poder confiar en que convertirá sus palabras en acciones, por lo que es importante ser muy cuidadoso con las promesas que se hacen.

Nunca prometa algo que Usted mismo no pueda implementar. Si es necesario, prometa que lo revisará con la cadena de mando, y siempre cumpla, pero nunca prometa algo en lo que no tiene la autoridad suficiente para cumplir. Algunas promesas incumplidas, así sea que se hayan hecho con la mejor intensión, harán que su equipo cuestione rápidamente su palabra.

Luzca como un líder

Sólo tiene una oportunidad para dar una primera buena impresión a su equipo. Es importante que se vista de una manera profesional al hacerlo. El atuendo apropiado para un líder depende de una gran variedad de factores. Cuando esté decidiendo qué usar, piense en lo que llevaba puesto su anterior líder de equipo y empiece por ahí. No hay nada de malo en que le agregue su propio estilo personal de vez en cuando, pero para comenzar apéguese al status quo.

Esto le transmitirá a su equipo que está seguro de sus habilidades y que las cosas continuarán tan bien como con el líder anterior. Asegurarse que está bien plantado es tan importante como llevar puesta la ropa correcta. Desea dar la impresión que maneja la pelota y está listo para la acción. Una apariencia descuidada, incluso si está dentro de los estándares locales, dice lo contrario.

Siga su propio ejemplo

Si desea que su equipo llegue temprano, trabaje hasta tarde, siempre esté preparado y trabaje tan duro como sea posible, debe estar dispuesto a hacer un esfuerzo adicional con ellos. Un líder que predica acerca del trabajo duro y los sacrificios, pero que no se compromete con ninguno, no es la clase de líder a la que un equipo seguirá por mucho tiempo. Algunas veces, ser un líder significa obedecer las reglas establecidas por alguien más arriba en la cadena de mando. Su equipo asumirá los cambios difíciles de una mejor manera, si saben que está con ellos en la práctica y no sólo en espíritu.

Esto se aplica tanto a los cambios positivos como a los negativos. Su equipo seguirá su liderazgo. Si quiere tener un espacio de trabajo colaborativo más abierto, involucre a su equipo. Si desea que tomen más la iniciativa, tome la decisión de dejarlos tomar sus propias decisiones. "Haz lo que te digo y no lo que hago" es algo que puede funcionar cuando se es niño, pero su equipo de trabajo detectará cualquier tipo de hipocresía y eso envenenará su relación permanentemente. Apéguese a la uniformidad cuando se trata de aplicar reglas a quien corresponda.

Ayude a su equipo a crecer como individuos

Su equipo es tan fuerte como el más débil de sus miembros, por lo que es importante incentivarlos a crecer bajo su liderazgo. Para asegurarse que esto suceda, tómese el tiempo para conocer a cada miembro de su equipo y a sus fortalezas y debilidades específicas. Ofrézcales oportunidades de liderazgo propias y formas en las que pueda ayudarlos a brillar y, al mismo tiempo, mejorar el equipo. Cada uno tiene algo único que ofrecer, un buen líder puede determinar qué es y ayudar a nutrir esas fortalezas, para el bien de todos.

Hágase asequible

Dependiendo de su situación, cambiarte a una posición de liderazgo puede traer consigo una cierta desconexión del grupo, que puede variar de una actitud un poco distante, a una actitud intimidante, en todo sentido. Si bien es importante cultivar una relación positiva no muy amigable con su equipo, es igual de importante asegurar que ellos pueden acudir a Usted con cualquier pregunta o inquietud que puedan tener. Una buena manera de fomentar éste tipo de comportamiento es hacerles preguntas regularmente.

Pedirles su opinión de manera regular los alentará a dar su punto de vista en diferentes situaciones, porque están seguros que su opinión le interesa. Esto puede ser permanente, lo único que debe hacer es empezar a hacerlo. Pregúnteles lo que piensan que se debe hacer en determinada situación, cómo están o incluso, cómo se sienten con su labor en el trabajo que están realizando actualmente o en general. Déjeles saber que cree que todos pueden tener ideas útiles, sin importar la posición que tengan.

Evite liderar tanto como pueda

Un buen líder nutre su equipo de manera tal que ellos mismos se auto-corrijan y se mantengan comprometidos con la tarea asignada. Como tal, es importante nutrir su equipo proporcionándoles las herramientas que necesitan para tener éxito y creando un ambiente de trabajo positivo que asegure que desearán seguir adelante, incluso si Usted no está vigilando sobre sus hombros cada minuto.

A menudo, los nuevos líderes luchan con el deseo de micro-gestión, sólo para asegurarse que las cosas están progresando adecuadamente. Si bien, esa es una forma válida de liderar un equipo, los líderes que fomentan un tipo de actitud correcta entre los miembros, tienden a tener niveles de estrés más bajos y la productividad de su equipo es mayor cuando ellos no se encuentran siempre alrededor. Es importante considerar formas de liderazgo más sutiles, que no sea simplemente atacar una situación con su punto de vista específico. Encontrar formas de asegurar que su equipo halle la solución adecuada por sí mismo, significa que ellos lo harán en caso que Usted no se encuentre disponible para hacerlo.

Prepárese apropiadamente

Cualquiera puede reaccionar a las diferentes situaciones a medida que se van presentando; se necesita de un buen líder para prepararse para situaciones de las que el resto del equipo no está al tanto. Si puede crear un ambiente de trabajo positivo que asegure que los miembros del equipo están empoderados lo suficiente como para tomar sus propias decisiones y son felices y están comprometidos de tal forma que lo harán sin su constante micro-gestión, entonces Usted tendrá tiempo para enfocarte en las cosas más importantes. Esto, a su vez, asegurará que estará preparado para lo peor, sin importar lo que implique, lo que también asegura que su equipo podrá capotear el toro, sin importar lo que venga.

Capítulo 3: Practique el Liderazgo

Para poner en práctica lo que significa ser un líder, se debe entender cuándo es importante intervenir y cuándo se debe hacer a un lado. Aquí encontrará algunas sugerencias que le ayudarán a determinar los mejores momentos para actuar como líder.

Reconozca un problema cuando lo vea

Como líder, debe conocer a su equipo lo suficientemente bien como para saber cuándo pueden manejar las tareas por sí mismos y cuándo debe intervenir. Para practicar mejor éste arte, debe conocer cuáles son sus talentos específicos y cuándo es el mejor momento de permitir que otros manejen una situación. Del mismo modo, debe aprender a conocer las señales de advertencia que indican que existe algún problema de manera individual, con el fin que pueda intervenir cuando se requiera. Un buen líder puede evitar que se presenten problemas y evitar desastres sin que nadie lo sepa.

Ejerza bajo presión

Cómo nuevo líder, es posible que poco después de haber asumido su nuevo rol, se encuentre en una situación en la que pueda demostrar sus habilidades a su nuevo equipo. En caso que esto no suceda, puede que llegue a necesitar de un pequeño empujón. Si esa es la situación, es importante encontrar un inconveniente con el que el equipo se encuentre lidiando y hacerles saber que encontrará la forma de solucionarlo. Una buena forma de empezar es con las condiciones físicas en las que trabaja el equipo, la extensión de un plazo difícil o el compromiso de resolver un problema interpersonal en particular. Siempre debe ser algo que tenga un impacto real en el día a día del equipo (dentro de lo razonable)

En éste caso, se debe elegir un problema que sea lo suficientemente importante como para que sea notado, pero lo suficientemente pequeño como para que lo pueda manejar por Usted mismo, con la participación del equipo, y para el que se pueda preparar. Después que se haya hecho cargo del problema que eligió, debe quedarse callado para no llamar la atención del equipo. Si ellos logran descubrir que tuvo éxito, sin que se los diga, lo apreciarán más. Después que haya logrado su primera victoria, es importante que su éxito crezca como una bola de nieve hacia nuevas direcciones.

Tenga un plan

Como el líder que es, es importante que tenga claro tanto las metas pequeñas como las grandes metas que el equipo está tratando de alcanzar. Aún, si no está completamente comprometido con un proyecto en particular, debe tener claro lo que está sucediendo con ese proyecto y cómo está interconectado con las grandes metas que se quieren lograr. Está bien que permita que su equipo trabaje de manera autónoma en gran parte de los proyectos pequeños, pero ellos confían en que Usted sepa hacia dónde van las cosas, algo que no se puede dejar al azar, pues su equipo podría desequilibrarse y desviar el rumbo.

Tener un plan no quiere decir que sea inflexible al punto de llegar a ser rígido. Por el contrario, significa que tiene una idea de a dónde se dirige el equipo. Es perfecto que su plan cambie a medida que su equipo cambia, siempre y cuando se tenga una idea clara de hacia dónde se dirige el equipo y por qué. Si no está seguro de cuál debe ser su plan, empiece por echarle un vistazo a su equipo. Analice a cada miembro del equipo y piense en cómo le gustaría que creciera en los siguientes 6 meses. Piense acerca de sus fortalezas y debilidades, y cómo se podría maximizar lo mejor de cada uno para el bien de los demás.

Finalmente, enfóquese en cómo los puede ayudar a llegar hasta allí. Haga esto con cada uno de ellos y vea cómo se complementan el uno al otro. ¡Felicitaciones, ahora ya tiene un plan!

Comparta su plan

Una vez que tiene un plan en mente, debe compartirlo con el equipo, obtener su retroalimentación y asegurarse que cada uno de ellos le compre la idea acerca de su visión del futuro. Una vez que el equipo lo haya aceptado como su líder y le haya comprado la idea de su plan para el futuro, puede esperar que ellos dejen de trabajar para Usted y empiecen a trabajar con Usted, con el fin de alcanzar objetivos mutuamente beneficiosos. Un líder efectivo puede asegurar que su equipo cumpla con todas las metas, un buen líder se asegura que su equipo quiera cumplir con todas sus metas. Si bien puede ser un reto presentar un plan y pedir su retroalimentación a un equipo no evaluado, éste es un paso crucial para hacer que el equipo deje de actuar como un grupo de gente que trabaja junta y empiece a comportarse como un verdadero equipo. Ésta es la marca de un verdadero líder.

Capítulo 4: Estilo de Liderazgo Autocrático

Un estilo de liderazgo autocrático, es un estilo de gestión donde el líder del equipo tiene el control completo sobre todo lo que hace el equipo. Ésta variedad de liderazgo tiende a enfocarse bastante en la micro-gestión y ha caído en desgracia en algunos círculos. Sin embargo, ofrece algunos beneficios tangibles y una gran cantidad de empresarios exitosos utilizan éste estilo, incluyendo a Donald Trump, Martha Stewart y Steve Jobs.

Beneficios

- *Adaptabilidad:*Son una persona en completo control, un equipo puede pivotear fácilmente de acuerdo a cómo lo requieran las fuerzas externas, porque tan pronto como el líder se da cuenta de una tendencia emergente, puede actuar sin consultar a su equipo u otros líderes para formar un consenso. Esto ayuda a garantizar que el equipo no se quede atrás en la competencia y pueda adaptarse a las necesidades cambiantes del cliente sin perder el ritmo.

- *Vigilancia:Si descubre que su equipo tiene la costumbre de holgazanear, entonces el estilo de liderazgo autocrático podría ser para Usted, ya que así mantendrá controlados a sus empleados. Utilizando éste método, virtualmente se asegura que ellos piensen que Usted siempre va a estar mirando sobre sus hombros. Esto casi que puede asegurar que se mejorará la rapidez del trabajo y la productividad en general, puesto que el equipo sentirá que Usted confía menos en que ellos trabajen productivamente por su cuenta. Un estilo de liderazgo autócrata garantizará una mayor producción de trabajo mientras que Usted se encuentra cerca, pero debe esperar menos períodos productivos cuando no esté por allí para estar al tanto de lo que están haciendo.*

- *Responsabilidadtotal:Si Usted es el tipo de persona que disfruta no tener que pedir ayuda a los demás, entonces un estilo de liderazgo autocrático puede funcionar para Usted. Puesto que está en completo control, no necesita pedir permiso a nadie y el éxito o fracaso de su equipo recae completamente sobre sus hombros. Si esto le suena a que es para Usted, entonces éste estilo de liderazgo reducirá sus niveles de estrés del día a día.*

- *Menos burocracia:Las compañías que implementan un estilo de liderazgo autocrático, tienden a tener menos niveles de administración puesto que cada líder no necesita un líder auxiliar de administración por encima para autorizar sus decisiones. Estas compañías suelen ser más ágiles y menos propensas a fomentar la ineficiencia dado que cada líder es completamente consciente de su poder y, por lo tanto, es más probable que se dé cuenta tan pronto como se presenta.*

¿Cuándo utilizarlo?

Si ve a su equipo en una posición donde el fracaso simplemente no es una opción, entonces puede encontrar el control extra que necesita en un estilo de liderazgo como el autocrático. Del mismo modo, a menudo es la elección correcta cuando se requiere de una puesta en práctica estricta de las políticas, puesto que es la única manera de prevenir que su equipo se lastime a sí mismo o a otros. Este suele ser el caso cuando la mayoría de los miembros del equipo no tiene experiencia con los detalles de la tarea en cuestión, que es complicada y potencialmente peligrosa.

Si bien, una forma de liderazgo autocrático puede ser útil, es importante tener en cuenta que suele ser visto como paternalista y rígido, a pesar de las razones que se hayan tenido para implementarlo.

Si su equipo operaba antes de una manera más independiente, debe ser consciente que verá cierta inquietud de parte de ellos. Si éste es el caso, entonces es recomendable explicarles el motivo que tuvo para implementar éste estilo de liderazgo en un momento en particular y así hacer que la transición sea más fácil. Los equipos en los campos de la construcción, la manufactura y la milicia tienden a adaptarse a éste tipo de liderazgo con mayor facilidad.

Maximizar la efectividad

Este tipo de liderazgo tiende a funcionar mejor cuando todo el equipo puede ponerse de acuerdo en una meta apremiante que está afectándolos a todos. Con un objetivo en común, es más probable que el equipo se alinee cuando sea necesario y reciba sus órdenes de manera más natural. Incluso, si se encuentra en una situación que alimenta el estilo de liderazgo autocrático, es importante equilibrar cuidadosamente el logro de la meta deseada con la moral de su equipo en general. Esto quiere decir que debe pensar muy bien acerca de las exigencias que hace y a quién se las hace.

Ser un líder autócrata no significa hacer las cosas siempre a su manera, sino que se debe considerar cuidadosamente la tarea en cuestión como un rompecabezas y tener en cuenta a su equipo, como las piezas con las que cuenta para completarla. Por tanto, así como es importante mantener contento a su equipo, también lo es el hacer cumplir lo que se sabe que se necesita hacer para asegurar el cumplimiento de la meta del equipo. Una forma fácil de asegurar que su equipo se mantiene contento y a la vez productivo, es explicarles claramente los objetivos y los pasos que se deben seguir para completarlos. Una vez que su equipo tiene claro cuál va a ser el resultado de sus sacrificios, será más fácil que hagan lo que se requiere que hagan.

Finalmente, siempre se debe ser

consistente cuando se trata de hacer cumplir las reglas que se han establecido. Si son claras y detalladas, es muy probable que su equipo acepte la necesidad de un liderazgo autocrático; sin embargo, éste no será el caso si se tiene la sensación que existe favoritismo. Si dentro del equipo se percibe que hay algún tipo de preferencia o trato especial, éste se desintegrará rápidamente. Hay que evitar que esto suceda, lo que aplica para un miembro del equipo aplica para el equipo completo, esto lo incluye a Usted.

Capítulo 5: Estilo de Liderazgo Coaching

El objetivo principal del estilo de liderazgo coaching es asegura que Usted está haciendo todo lo que se necesita para ayudar a su equipo a aprender y a crecer como individuos y como miembros del equipo. Aquellos que practican éste tipo de liderazgo son más propensos a dejar que su equipo haga lo que ellos crees que es correcto y a considerar el potencial de cada miembro del equipo y no necesariamente su desempeño en el pasado. Como líder coaching, estará feliz si su equipo desarrolla una actitud que les permita continuar aprendiendo de manera independiente.

Beneficios

- *Eleva la moral:Aquellos que implementan el estilo de liderazgo coaching tienden a darse cuenta que la moral del equipo aumenta por la atención individual y la prueba física que muestra que Usted se interesa por sus vidas. Es importante explicarle a cada empleado que Usted ve su gran potencial y que desea ayudarles a alcanzarlo; de lo contrario, éste estilo puede parecer un tipo de micro-gestión.*

- *Aumenta la lealtad:Cuando su equipo tiene una sensación real que Usted se preocupa por ellos y desea verlos progresar, logrará que estén más dispuestos a sacrificarse por Usted y por el bien del equipo. Guiar a su equipo al éxito personal hará que ellos, de manera natural, estén dispuestos a trabajar duro para ver al equipo triunfar.*

- *Incrementa la eficiencia:El estilo de liderazgo coaching funciona mejor cuando Usted está dispuesto a hacer un esfuerzo adicional ahora, a cambio de un incremento en la productividad más adelante. Si Usted presiona a su equipo para que sean mejores por ellos mismos, esto se verá reflejado en sus contribuciones, pero toma tiempo. Si necesita ver resultados reales, muy pronto, entonces éste es el momento para continuar con éste estilo de liderazgo.*

- *Disminuye el estrés*:De Nuevo, esto es más un beneficio a largo plazo; pero, una vez que lucha por ayudar a su equipo a progresar por ellos mismo, se dará cuenta que ahora está menos estresado porque su equipo está trabajando de la mejor manera posible. Esto es similar a enseñar a alguien a pescar, al hacer que los miembros de su equipo se superen, en realidad habrá logrado que todo el equipo lo haga.

¿Cuándo utilizarlo?

Cuando se está pensando en implementar un estilo de liderazgo coaching, es importante responder primero las siguientes preguntas clave:

- ¿Qué miembros del equipo necesitan coaching?¿Quieren el coaching?

- ¿Qué objetivos tengo para los miembros del equipo que están recibiendo coaching?¿Son realistas?

- ¿Cuál es plazo? ¿Interferirá con los objetivos del equipo completo?

- ¿Puedo proporcionarles de manera adecuada lo que necesitan para mejorar?

- ¿Confían los miembros del equipo en mí?

A menos que conozca a los miembros del equipo en cuestión, se debe asegurar que ellos confían en Usted para que el coaching sea efectivo, de otra forma, será un ejercicio inútil. Esto hace que el estilo de liderazgo de coaching sea mejor para aquellos líderes que ya han formado un lazo con su equipo y han demostrado su eficacia como líderes. Del mismo modo, es importante adoptar éste estilo de liderazgo sólo si sabe que tiene el tiempo para ejecutarlo hasta el final. Ninguna de las partes ganará nada si el entrenamiento de los miembros del equipo queda a la mitad del proceso. Piense cuidadosamente acerca del coaching si no desea terminar perdiendo su tiempo.

Maximizar la efectividad

Cuando se trata de un coaching efectivo, asegúrese que una de las principales cosas que promueve es actuar con autonomía. El enfoque principal debe ser maximizar el potencial de los miembros de su equipo, pero debe quedar claro que es importante para ellos que sigan buscando mejorar por su cuenta. Esto tendrá la ventaja de hacerlos más eficientes al momento de conseguir los objetivos del equipo, sin que se deba invertir tiempo realizando una micro-gestión detallada.

Mientras trabaja con los miembros del

equipo, debe mantener un estado mental en el que acepte a los miembros de su equipo como individuos que tienen sus propios defectos. Puede ser muy difícil ver a un miembro de su equipo tropezar cuando sabe que tiene mucho potencial, pero enojarse sólo hará que el proceso de crecimiento tome más tiempo de lo planeado inicialmente.

Asegúrese de tener expectativas razonables para los miembros de su equipo y así sus esfuerzos por entrenarlos serán menos estresante. Debe discutir con los miembros del equipo acerca de los motivos por los que solicitó el coaching y ser claro acerca de sus expectativas y las razones detrás de ellas. Existe una diferencia entre esto y una completa transparencia, puesto que al compartir sus pensamientos acerca del progreso de cada uno puede que no beneficie a nadie. Mantenga un pensamiento y actitud positiva acerca de los miembros del equipo y así notará una mejora en sus resultados de manera inmediata.

Capítulo 6: Estilo de Liderazgo Laissez-Faire

El estilo de liderazgo laissez-faire está tan lejos de la micro-gestión como se lo pueda imaginar. La filosofía principal detrás de esto es que los miembros del equipo trabajan mejor cuando se les deja solos, puesto que ellos saben mejor lo que deben hacer para lograr que el equipo tenga éxito. Los líderes laissez-faire tienden a mantener cierto nivel de delegación en el equipo completo, lo que tal vez es el motivo por el que tienden a obtener como resultado un mayor tiempo de productividad ininterrumpida. Algunos de los principales proyectos históricos completados utilizando el estilo de liderazgo laissez-faire incluyen el Ferrocarril Transcontinental, el Canal de Panamá y la Represa Hoover.

Beneficios

- *Permite que los miembros del equipo*

se sientan libres: Estando bajo un estilo de liderazgo laissez-faire, los miembros del equipo tienen a sentirse más empoderados para alcanzar el éxito por su propia cuenta. Infortunadamente, a menos que ya se esté trabajando para garantizar que todos se encuentran comprometidos con la tarea y listos para trabajar por sí mismos, a menudo verá que hay quien se aprovecha de esa libertad adicional para ser menos productivo.

- ***Asegura productos de mejor calidad:***Cuando el equipo se encuentra enfocado en hacer las cosas lo menor posible de la manera que ellos elijan, es más probable que el resultado final sea de la más alta calidad, mejor que en cualquier escenario donde el cronograma de finalización es más firme. Eventualmente su equipo presentará algo asombroso, siempre y cuando Usted esté dispuesto a esperar mientras que ellos decidan cuándo han terminado.

- **Disminuye el estrés:** El equipo se siente con menos estrés cuando sabe que no tiene que reportar directamente a nadie y que debe alcanzar sus objetivos con un cronograma artificial. Como líder, el estilo de liderazgo laissez-faire puede llegar a ser menos estresante si su equipo se encuentra auto-motivado y encaminado a cumplir con sus metas. Pero puede llegar a ser lo contrario si su equipo utiliza el exceso de libertad para holgazanear.

¿Cuándo utilizarlo?

Si su equipo está trabajando con un objetivo vagamente definido o uno que es propenso a cambiar regularmente, entonces éste estilo de liderazgo es justo el que le dará a todos la libertad de adaptarse a los mejor a los requisitos cambiantes. Si tiene confianza en los individuos que hacen parte de su equipo y en su habilidad de trabajar constantemente sin supervisión, entonces éste es el estilo correcto para su equipo. Aquellos que trabajan en situaciones donde deben actuar ágilmente, como los compradores minoristas o las firmas promocionales, tienden a tener mejores resultados con el estilo de liderazgo laissez-faire.

Esto también aplica para los equipos que se encargan de los aspectos más creativos, empresas nuevas o aquellos más interesados en el diseño que en los productos físicos. Si siente que la innovación será parte importante de la estrategia de su equipo, entonces poner en consideración un enfoque de no-intervención podría tener mucho sentido. Seguramente, si su equipo se encuentra dotado de expertos en un campo en específico, también tiene sentido dejarlos hacer aquello para lo que fueron contratados. De hecho, una buena regla de oro es que mientras más experiencia tenga su equipo, es más factible que pueda implementar el estilo de liderazgo laissez-faire. Por el contrario, si se encuentra atascado con un puñado de inexpertos, entonces alístese para hacer micro-gestión.

Maximizar la efectividad

Implementar el estilo de liderazgo laissez-faire de manera efectiva se trata de conocer a su equipo y las fortalezas y debilidades de cada individuo. Si bien pareciera que se está quedando fuera del camino de los demás, en realidad, éste tipo de estrategia de liderazgo requiere de una planeación previa significativa y de una constante retroalimentación acerca del desempeño del equipo. Es importante manejar esto desde el principio y no asumir simplemente que se mejorará con el tiempo. Renunciar al control directo sin una comprensión firme de su control indirecto es, sencillamente, la receta para el desastre.

Como líder laissez-faire, debe tener una forma indirecta de monitorear el progreso general del equipo para alcanzar su meta y al mismo tiempo, una sistema alterno para asegurar discretamente que cualquier ineficiencia será corregida a tiempo. Puede ser a través de reuniones de equipo rutinarias o de discusiones informales con miembros clave del equipo, todo dependerá de la composición de su equipo y de la forma en la que trabajan juntos. Planifique los detalles con anticipación para que no entre en ésta transición a ciegas. Solo porque los miembros de su equipo se pueden monitorear ellos mismos, no quiere decir que no necesitan que Usted esté pendiente de ellos.

Como tal, es más importante conocer realmente a su equipo antes de intentar implementar este tipo de liderazgo, ya que hacerlo sin haber hecho la tarea como líder puede llevarlo a problemas más grandes. Sólo se debe cambiar a éste estilo de liderazgo si se está seguro que obtendrá buenos resultados. Cualquier paso en falso en éste estilo de liderazgo hará que se encuentre con rechazos y resentimientos, puesto que será visto como algo más invasivo que el estilo de liderazgo anterior. La conclusión es que si se encuentra inseguro acerca de cómo se comportará su equipo al trabajar bajo un estilo de liderazgo laissez-faire, entonces debería evitar implementarlo a toda costa hasta que se encuentre seguro que obtendrá resultados.

Capítulo 7: Estilo de Liderazgo Circunstancial

A diferencia de los otros tipos de liderazgo sugeridos, el estilo de liderazgo circunstancial propone que no existe una forma correcta para interactuar con su equipo y que debe ir cambiando a medida que se van presentando las diferentes situaciones. De acuerdo a éste estilo, hay 4 tipos principales de comportamiento que un buen líder debe adoptar cuando está interactuando con su equipo.

- El que ordena: Este tipo de comportamiento puede ser observado cuando le está dando a su equipo instrucciones que espera que ellos sigan sin proporcionar retroalimentación.

- El que persuade: Este tipo de comportamiento es el mismo que el que ordena, excepto que, como líder, Usted está haciendo un esfuerzo adicional para asegurar que el equipo entiende por qué Usted le está dando esas instrucciones. En ésta situación, es importante convencerlos que sus directrices están enfocadas en lo mejor para el equipo.

- El que participa: Este tipo de comportamiento ocurre cuando le solicita a su equipo un aporte antes de determinar el curso de acción indicado. Es menos posible que el resultado final de éste tipo de comportamiento termine como que Usted es el líder que ordena o persuade.

- El que delega: Este tipo de comportamiento sucede cuando Usted se encuentra a gusto con su equipo como para idear soluciones de alto nivel y deja la implementación a miembros específicos del equipo.

La idea principal detrás del estilo de liderazgo circunstancial es que, como líder, es su trabajo evaluar al equipo y la situación actual en la que se encuentra para determinar el mejor curso de acción para poder seguir adelante. Para esto, el primer paso es establecer el nivel de madurez de su equipo o de los miembros del equipo asignados a una tarea específica.

- *M1: No se puede confiar en que un equipo o el miembro de un equipo con un nivel de madurez 1 pueda completar cualquier tarea sin una directa supervisión. Esta desconfianza pude deberse a una falta de voluntad o inhabilidad para completar la tarea en cuestión.*

- *M2:*Un equipo o el miembro de un equipo con un nivel de madurez 2 aún no se encuentra en la capacidad de completar de manera confiable o asumir tareas por sí mismo, pero está listo y ansioso para dar lo mejor de sí. Posiblemente sea nuevo en el equipo, pero está feliz de estar allí.

- *M3*:Un equipo o el miembro de un equipo con un nivel de madurez 3 posee las competencias básicas que se requieren para completar una tarea por sí mismo, pero carece de la voluntad o la experiencia para sentirse capaz de manejar las cosas sin la supervisión o el aporte del líder.

- *M4*:Un equipo o el miembro de un equipo con un nivel de madurez 4 ha pasado por todo lo anterior antes y está listo, con la voluntad y disponible para asumir cualquier responsabilidad que se le asigne. Lo que es más, completará de manera confiable las tareas asignadas sin la directa supervisión del líder.

Además del nivel de madurez de su equipo/miembros del equipo, se debe tener claro su nivel de desarrollo y así poder mejorarlo lo mejor posible.

- *D1*: *Los* equipos o los miembros de un equipo con un nivel de desarrollo 1 es incapaz de llevar a cabo las tareas sin supervisión y tampoco se encuentran comprometidos con la consecución de los objetivos del equipo.

- **D2:**_Los_ equipos o los miembros de un equipo con un nivel de desarrollo 2 están comprometidos con las tareas que tienen en sus manos, pero no han desarrollado sus habilidades lo suficiente, al punto que sean capaces de hacerlo sin supervisión.

- **D3**: _Se puede asumir que los_ equipos o los miembros de un equipo con un nivel de desarrollo 3 son capaces de completar las tareas sin una supervisión directa, siempre y cuando puedan ser convencidos de la importancia de la tarea, algo que no está garantizado.

- **D4:**Se puede decir que _los_ equipos o los miembros de un equipo con un nivel de desarrollo 4 están extremadamente comprometidos con sus tareas y con la finalización de las mismas.

Una vez que ha determinado tanto el nivel de madurez como de desarrollo de su equipo en general, así como de cada individuo, puede empezar a variar su estilo de liderazgo usando el que se ajuste a la tarea que tienen entre manos.

- **M1/D1**: Para aquellos que se encuentran en estos grupos, se les debeinvolucrar por medio de las órdenes, pero respaldadas por la persuasión, cuando sea apropiado. Usted desea venderle a estos miembros del equipo la importancia de los objetivos trazados, si alguna vez espera que sean miembros productivos del mismo.

- **M2/D2**: Para aquellos que se encuentran en estos grupos, se les debe involucrarpor medio de órdenes constantes para asegurarse que están al tanto. También es importante involucrarlos con la participación, después que Usted los haya involucrado con las órdenes, para que aprendan a pensar por sí mismos.

- **M3/D3**: Los M3's carecen de confianza, por lo que se les debe involucrar por medio de la participación, para que sepan que sus ideas son válidas y también a través de la delegación, para que puedan darse cuenta que son capaces de manejar tareas complejas. A los D3's, se les debe involucrar a través de la participación para asegurar que entienden dónde tienen un problema con el compromiso, antes de mezclarse con el estilo correcto y así asegurar que se vuelven más comprometidos.

- **M4/D4**: Para aquellos que se encuentran en estos grupos, es perfectamente aceptable involucrase en la participación, puesto que Usted entiende sus ideas y al mismo tiempo para que Usted practique la delegación sin preocuparse acerca de los resultados. Dependiendo de la disposición de los M4/D4, también se les puede asignar tareas con miras a ayudar a mejorar a los del nivel 1 y supervisar a los del nivel 2.

Capítulo 8: Estilo de Liderazgo Carismático

Este estilo de liderazgo puede ser más difícil de cultivar para algunos que para otros. Dicho esto, si puede manejar el ser carismático, eso puede hacer que llevar el día a día como un líder sea mucho más manejable. Los líderes carismáticos harán que su equipo desee seguirlo, simplemente porque les parece muy agradable. A diferencia de otros estilos de liderazgo, ser un líder carismático está más definido por Usted y sus características personales, que por los de su equipo. La Madre Teresa, Martin Luther King Junior y Winston Churchill, todos ellos eran líderes carismáticos.

Beneficios

- *Cohesión: Si Usted es un*líder carismático, se dará cuenta que su equipo se reúne fácilmente alrededor de un objetivo común porque cree en

Usted y en su visión. Esto, naturalmente, causará un incremento en el flujo de trabajo y hará que su equipo sea más productivo.

- ***Los miembros del equipo sienten que los valora:***Parte de ser carismático es que su equipo entenderá cómo se siente Usted con respecto a ellos y sentirán que todos están juntos en esto. Como resultado, será más fácil para Usted convencerlos de trabajar más arduamente.

Determine su nivel de carisma

Ser carismático puede hacer que ser un líder sea una experiencia mucho más natural. Si no se siente seguro si Usted muestra cualidades para ser un líder carismático, analice las siguientes características de muchas personas carismáticas.

- ¿Es sensible con las necesidades de los demás y, al mismo tiempo,trabaja sobre esa sensibilidad de manera que produzca resultados positivos?

- ¿Es Usted elocuente?

- ¿Ve las tendencias emergiendo antes que otros lo hagan?

- ¿Está dispuesto a arriesgarse por una mayor ganancia?

- ¿Se conforma con los paradigmas existentes?

- ¿Cómo es su lenguaje corporal?

Aquellos que muestran un estilo de liderazgo carismático se sienten cómodos manejando su imagen y utilizando sus relaciones personales para suavizar los problemas del equipo. Confían en sí mismos y en sus equipos, y lo demuestran a través del uso de un lenguaje corporal y señales auditivas dominantes, cuando está lidiando con algo que amenaza al equipo; y un lenguaje corporal y señales auditivas cercanas, cuando está tratando con miembros del equipo. Comprenden cuán importante es asegurar que cada miembro del equipo sienta que Usted piensa que es la persona más importante en la sala.

Si Usted está interesado en mejorar su estilo de liderazgo carismático, entonces lo mejor que puede hacer es conocer más a su equipo y así poder reconocer las señales sutiles que ellos muestran cuando están expresando sus preocupaciones. Al hacer esto, podrá adaptar su enfoque de acuerdo a cada miembro del equipo y así saber siempre lo que debe decir. Más aún, es indispensable repasar sus habilidades interpersonales y asegurarse que puede narrar una buena historia y dar un discurso inspirador. Los líderes más carismáticos pueden hacer que sus equipos respondan a una serie de instrucciones que ni siquiera se dieron cuenta que habían recibido. Acostúmbrese a operar detrás de bambalinas y verá que puede motivar y dirigir al miembro del equipo que desea influenciar, sin necesidad de hablarle directamente.

El estilo de liderazgo carismático es único entre los estilos de liderazgo, dado que puede utilizarlo fácilmente como base y complementarlo con otro tipo de liderazgo. Sin embargo, debe recordar que ser carismático es diferente a ser egoísta. No sólo por el hecho que Usted le agrada a su equipo, puede aprovecharse de eso para fines personales. Una parte importante de ser un líder carismático es entender las necesidades de su equipo para que pueda satisfacerlas. No porque le caiga bien a su equipo, puede olvidarse que ellos también tienen problemas y no ayudarlos a resolverlos.

Igualmente, no debe confiar nunca completamente en el estilo de liderazgo carismático, puesto que es el estilo que más puede variar en efectividad, entre los equipos. Mientras que un equipo puede responder particularmente bien a su marca única de liderazgo carismático, el siguiente equipo puede que no. Un buen líder debe ser capaz de reunir a su equipo fácilmente y eso significa tener un plan de respaldo, en caso que el carisma por sí mismo no funcione. Adicionalmente, debe complementar su liderazgo carismático con otro tipo de liderazgo que promueva más independencia con su equipo, de lo contrario, verá a su equipo desmoronarse cuando Usted no se encuentra dirigiendo la nave.

Como líder carismático, siempre se debe asegurar que sólo está utilizando su carisma de una manera no comprometedora moralmente. Los líderes carismáticos pueden hacer del mundo un mejor lugar al convertir a las personas a una causa de interés común que beneficie a todos. Infortunadamente, es muy fácil para ellos caer en la tentación de utilizar su carisma para el bien personal, mientras se hace caso omiso de lo que es legal y moralmente justo. Si Usted tiene la habilidad de ser un líder carismático, ¡felicitaciones!. Use sabiamente esas habilidades que ha obtenido y siempre pon a tu equipo de primero.

Capítulo 9: Estilo de Liderazgo Facilitador

Este estilo de liderazgo es especialmente útil cuando se trata de lograr un acuerdo entre opiniones dispares. Uno de los rasgos más importantes de un estilo de liderazgo facilitador es que el líder facilitador se muestra neutral en todo momento. Además, es importante para ellos poner al frente las necesidades del grupo antes que sus pensamientos y opiniones, y dar a conocer esto a través de acciones que, en éste caso, definitivamente dicen más que las palabras.

Este tipo de liderazgo es diferente a la mayoría en que, como líder, su trabajo no es estar en lo cierto, sino trabajar con el equipo y determinar juntos el mejor curso de acción. Los buenos facilitadores saben cómo conducir a un grupo con el fin de lograr un acuerdo que sea lo mejor para todos. Esta es una excelente forma de mitigar las tareas o conversaciones difíciles, porque puede imponer su solución ideal sin tener que llevarse la peor parte de cualquiera de los sentimientos negativos que esto pueda causar.

Beneficios

- **Mayores aportes**: Cada uno se siente como si se les hubiera escuchado, lo que, a su vez, hace más fácil para ellos el comprometerse con la solución acordada.

- **Aumenta la creatividad**: *Si cada uno comparte sus ideas, el resultado serán mejores ideas. Se debe empezar fomentando un ambiente creativo que permita lograr lo mejores resultados.*

- **Mejora la moral:**Todos apreciarán que se les haya permitido dar sus opiniones y sentirán que lograron algo más grande que los resultados actuales. Resulta que, llegar a un acuerdo acerca de un objetivo se siente casi tan productivo como esforzarse realmente para asegurarse que el objetivo se ha finalizado.

* **Mejora la motivación:**Una vez que ellos se sienten conectados con una decisión, todos los involucrados se sentirán más firmes acerca de hacer que suceda de una vez por todas. Esto mejorará la productividad en general y hará que trabajen arduamente en cualquier tarea relacionada con la tarea inicial, incluso si no se habían puesto de acuerdo antes como equipo.

El asesoramiento explicado

El acto de asesorar a un grupo para que logre llegar a un acuerdo, consiste en 2 partes importantes: hacer observaciones y actuar acorde a esas observaciones. Como tal, éste estilo de liderazgo puede ser visto como más autocrático que laissez-faire, pero aquellos que están siendo asesorados deben saber qué está haciendo el facilitador. Por otro lado, el facilitador debe conseguir que el grupo logre acatar un acuerdo y garantizar que parezcan neutrales y comprometidos con los mejores intereses del grupo.

Un estilo de liderazgo facilitador es más efectivo cuando el equipo está buscando lidiar con un problema complejo que no tiene una solución fácil. Tiene como única ventaja que puede mezclar una amplia variedad de ideas con el fin de encontrar las partes más adecuadas de cada una. Los resultados de un asesoramiento exitoso pueden crear poderosos sentimientos positivos entre los involucrados y, si lo hace apropiadamente, todos se irán con un mayor sentimiento de respeto por ellos mismos y por los demás que hicieron parte del acuerdo grupal. Con el tiempo, ésta sensación fusionarse hacer que el equipo sea más eficiente, creativo y propenso al éxito. Sin embargo, no se debe hacer mal uso o abusar de éste enfoque, ya que no se encuentra exento de fallas.

Uso cauteloso

Un enfoque facilitador no es para ser usado en cada situación que se presente, y cuando intente utilizarlo con un nuevo equipo, asegúrese que conocer la forma en la que se solían hacer las cosas antes de sugerirlo. Si la cultura del nuevo equipo es vista como autocrática, entonces intentar que haya un acuerdo grupal puede resultar en un fracaso. Así mismo, con un nuevo equipo, es muy seguro que ellos estén esperando que Usted les dé instrucciones en lugar de que les pregunte por su punto de vista y se comporte de la peor manera, lo que lo hará ver como débil. Hasta que no esté seguro que su enfoque de moderación no fracasará, es mejor empezar con un estilo de gestión menos divisor.

En esa misma línea, es importante no seguir con ese estilo de liderazgo facilitador hasta que no se sienta seguro que será capaz de obtener los resultados que desea. Una vez que se ha abordado la idea de seguir adelante con el acuerdo grupal, no se puede recurrir a otro tipo de toma de decisiones. Es por esto que nunca ofrezca escuchar un acuerdo a menos que tenga suficiente tiempo para tomar una decisión y trabajar para implementarlo. Llegar a un acuerdo es excelente para la construcción de equipo y para aumentar la participación de los miembros en los objetivos más importantes, pero no es un proceso rápido. Planee la toma de decisiones por lo menos para 2 días y si no tiene suficiente tiempo, entonces no lo sugiera.

Mejore sus habilidades de facilitador

Ser un facilitador exitoso es una habilidad y, como cualquier habilidad, sólo se puede mejorar con la práctica. Afortunadamente, es algo que se puede practicar en casi cualquier situación, independientemente de si se llevan a cabo muchas reuniones o no. Asesorar es tan fácil de practicar cuando se está tomando una decisión grupal, sin importar si Usted es el líder del grupo o no. Comience por mejorar sus habilidades de observación. Observe a otros miembros de cualquier equipo del que haga parte y continúe observándolos hasta que sea capaz de predecir lo que están por hacer, con una certeza razonable.

No espere que estas habilidades se desarrollen de la noche a la mañana. Los buenos facilitadores han estudiado por años el lenguaje corporal y el comportamiento humano. Tómese el tiempo para conocer los detalles de los equipos en su entornoy cómo es probable que ellos respondan a ciertos estímulos. No hay tal cosa como ser demasiado competente al leer a la gente, cuanto más esfuerzo haga, más grande será la recompensa. Recuerde, si bien puede sentir la tentación de asesorar a alguien después de haberlo estudiado por un corto período de tiempo, debe evitar la urgencia. Un asesoramiento ineficaz es peor que no llevarlo a cabo en absoluto.

Desde allí solo es cuestión de poner sus observaciones en práctica. Una vez que sabe la forma en la que responden los miembros del equipo a ciertos estímulos, puede explotar éste conocimiento para alcanzar los objetivos que más los benefician a todos. Utilice el estilo de liderazgo facilitador solamente para logar lo que es mejor para el equipo. Manténgase a la sombra cuando esté asesorando y seguirá siendo el más efectivo.

Capítulo 10: Estilo de Liderazgo Participativo

Un estilo de liderazgo participativo es aquel que pide aportes de su equipo al momento de tomar todas las decisiones que los afectan. Es éste estilo de liderazgo, es indispensable que cada miembro del equipo esté al tanto de toda la información que tiene que ver con ellos, sus tareas y objetivos. Si Usted tiene un estilo de liderazgo participativo, prepárese para una gran cantidad de votaciones, ya que la mayoría de votaciones determinará los cursos de acción que les permitan seguir adelante. Un líder que maneja hábilmente un estilo de liderazgo facilitador y luego implemente éste tipo de liderazgo podrá tener fácilmente lo mejor de ambos.

Beneficios

- ***Aprobación garantizada***: *Su equipo aceptará automáticamente cualquier decisión que haya sido tomada en* *conjunto. Aun mejor, estarán dispuestos a expresar sus quejas acerca de aquellas en las que no estuvieron de acuerdo, lo que quiere decir que para cuando se haya implementado la decisión, aceptarán los resultados y estarán listos para continuar. Esto llevará a un aumento en la moral debido a la responsabilidad adicional y a la sensación que el líder realmente se preocupa por cada miembro del equipo.*

- ***Mejora la retención:*** Los miembros del equipo que se sienten que están dirigiendo y mejorando activamente al equipo con su presencia, tienen más posibilidades de sentirse contentos con sus perspectivas actuales, resolver problemas más creativamente y permanecer en el equipo por períodos de tiempo más largos.

¿Cuándo utilizarlo?

Como líder del equipo, cuando le pide aportes al equipo al momento de tomar una decisión, le está mostrando al equipo que valora su experiencia y que los está empoderando para que manejen su propio destino. Los miembros del equipo que sienten que su experiencia está siendo explotada completamente, sienten que son valorados y estarán más dispuestos a trabajar arduamente para ser dignos de esa importancia que el equipo les ha dado. Si bien es útil desde un punto de vista moral, un estilo de liderazgo participativo también es conocido por producir una amplia variedad de ideas de alta calidad. Si desea ver lo que su equipo realmente es capaz de hacer, entonces éste estilo de liderazgo es justo lo que estaba buscando.

El estilo de liderazgo participativo trabaja bajo la suposición que el equipo llegará a un acuerdo antes de seguir adelante. Como tal, necesita tiempo para trabajar en ello puesto que un problema difícil puede que no se resuelva fácilmente en un período razonable. Un estilo de liderazgo participativo sólo funciona cuando el equipo tiene voz en cada decisión.

Si bien, el objetivo de un estilo de liderazgo participativo siempre tiene un objetivo noble, se debe saber cuándo funcionará y cuándo no. Dejando a un lado las limitaciones de tiempo, es importante conocer suficientemente al equipo como para saber cuándo no tienen la experiencia necesaria para participar en el establecimiento de sus propios objetivos. Si no tienen la experiencia suficiente para comprender los problemas que se pueden presentar y las soluciones que han funcionado en el pasado, ellos no están listos para liderarse a sí mismos.

Adicionalmente, podrá haber situaciones donde el equipo no tenga acceso al conocimiento o entrenamiento que Usted, como líder, posee. Recuerde, Usted fue elegido como líder por una razón, debe creer en Usted mismo tanto como para saber qué es lo mejor para su equipo, en cualquier momento. Un verdadero líder hace lo que es mejor para el equipo, incluso si eso significa tomar decisiones delicadas para evitar que se lastimen.

Maximizar la efectividad

Con el fin de aprovechar al máximo el estilo de liderazgo participativo, se debe entender claramente cómo difiere éste del estilo de liderazgo laissez-faire. Los líderes participativos son más eficaces cuando utilizan un enfoque facilitador para asegurar que el equipo tenga una retroalimentación de cada una de sus fallas y llegar a las conclusiones de lo que el líder desea. Además, éste tipo de liderazgo permite al líder plantear tareas y establecer una agenda para que los miembros del equipo proporcionen sus aportes, basados en el esquema que el líder haya descrito. Un buen líder participativo siempre tiene clara la agenda y una idea de cómo lograr llevar a cabo esa agenda con el acuerdo del grupo.

Capítulo 11: Magnetismo Personal

El magnetismo personal es un atractivo y capacidad del individuo para atraer e influenciar a los demás. Existen 2 aspectos del magnetismo personal: mental y físico. El magnetismo mental, significa que un individuo posee la habilidad de generar actitudes y patrones positivos y producir la sensación de belleza que alienta a los demás. El magnetismo físico, proviene más del cuerpo físico, la forma en que una persona respira y reacciona físicamente ante una situación específica. Su habilidad para respirar lentamente y mantener la calma proporciona la sensación de consuelo a aquellos que le rodean. El magnetismo físico y mental se combinan para crear el magnetismo personal, que se puede aprender, en caso que no sea algo natural en ti.

Da la casualidad que la proyección de la energía personal es una fuente de magnetismo y puede ser vista como una forma negativa de magnetismo personal, tan rápido como puede verse como algo positivo. Por ejemplo: Usted entra en un Starbucks y lo saludan inmediatamente con una sonrisa. El camarero es extremadamente seductor y amigable, lo que le hace sentir como en casa y muy cómodo. Sin embargo, después de su visita a Starbucks decide ir a una tienda y el cajero está de mal humor, esto puede causar que Usted responda automáticamente con un comportamiento ofensivo. La gente tiende a alimentarse de las emociones de los demás, lo que hace parte del magnetismo personal. La mayoría de las personas poseen ésta cualidad, sólo que no saben cómo utilizarla para su beneficio o ni siquiera saben que la poseen. Éste capítulo le dará una guía sobre cómo adoptar su magnetismo personal.

Mucha gente tiene un radio de magnetismo muy pequeño. Sin embargo, aquellos que tienen un magnetismo personal poderoso pueden esparcirse e influenciar en muchas personas. ¿Ha visto alguna vez a alguien entrar en una habitación y todo el mundo se queda quieto de repente y más enfocado? ¿Tal vez todos se vuelven más felices y emocionados? Aquellos que son vistos como líderes pueden afectar una atmósfera de una manera dinámica. Los líderes con magnetismo personal infligirán emociones, deseos y sentimientos fuertes en aquellos que le rodean, consciente o inconscientemente.

Auto-existencia y magnetismo personal

Con el fin de lograr un nivel de magnetismo personal óptimo, primero debe entender y contemplar su auto-existencia. Cada uno de Ustedes, como líder, tiene valores y poder en su vida. Usted va a necesitar tomar decisiones concienzudamente para tomar el control de su vida. Una vez que haga esto, puede empezar a establecer un magnetismo personal más poderoso. Recuerde, Usted controla cómo reacciona ante la gente y puede ayudar a controlar cómo la gente le responde. Existes muchas formas de ayuda para construir ese magnetismo personal. La siguiente sección muestra algunos pasos para aumentar el suyo.

Formas de aumentar su magnetismo personal

Las personal con magnetismo personal son, típicamente, aquellas que se encuentran en organizaciones exitosas y tienen un gran equipo de trabajo bajo su cargo. Estas personas atraen y retienen a aquellos que son honestos, trabajadores incansables y leales. Hay formas con las que puede aumentar su magnetismo personal, lo que lo convertirá en un mejor líder.

Comparta su Energía

Su magnetismo personal está en lo más alto cuando se siente confiado y entusiasta. Comparta esto con los demás al compartir su pasión y su energía.

Comparta afirmaciones positivas y le prometo que su magnetismo aumentará. Es sencillo, el positivismo atrae positivismo.

Sepa Quién es Usted

Mantenga siempre su personalidad al ser auténtico y sincero. Trate de aprender más acerca de Usted mismo escribiendo un diario, tomándose el tiempo para reflexionar o tomando clases de auto-reflexión y autoestima. Mientras más se conozca a Usted mismo y esté feliz al 100%, más fuerte se volverá su magnetismo personal.

Haga Más Conexiones

Conocer y conectarse con nuevas personas es una de las mejores formas en las que puede crecer. Hay muchas formas para hacer esto, pero empiece conectándose con aquellos que tienen intereses y experiencia similares. Esto le permitirá conectar con otros sobre una base más intelectual y emocional.

Inspire a Otros

Las personas desean ser inspiradas y mientras más inspire Usted a otros, más pensamientos positivos tendrá. Inspirar a otros no es una exigencia, de hecho, puede ser algo tan simple como dirigir a alguien en el camino adecuado, compartiendo sus historias y hablando acerca de sus experiencias pasadas. Compartir su pasión y su perspectiva positiva le inspirará más de lo que cree. Mientras más inspire otros, más crecerá su magnetismo personal. ¡Le energía positiva es contagiosa!

Rechace la Negatividad

La negatividad puede tener un enorme impacto en su magnetismo personal. Le sugiero que remueva cualquier fuerza negativa de su vida, ya se interna o externa. Cada una de las personas en su vida que es constantemente pesimista y crítica debe salir de ella. Estas personas pueden sacarlo de sus aspiraciones positivas. Si Usted tiene alguna negatividad interna, puede aprender a vencerla al enfrentarla de una manera positiva. Mientras más practique llevar una vida poderosa y positiva, más disminuirá la negatividad.

Capítulo 12: Habilidades de Comunicación

¿Qué son las habilidades de comunicación?

Las habilidades de comunicación son esenciales en cualquier papel en la vida. Estas habilidades aseguran que tiene la capacidad de intercambiar información tanto verbal como no verbal. A menudo, lo que tratamos de comunicar se pierde en la traducción. No importa qué, las emociones juegan un papel importante en cómo transmitimos y entendemos la información. Lo que se pretende decir no siempre es lo que se escucha, pero los grandes líderes tienen la habilidad de comunicarse muy bien tanto verbal como no verbalmente. Es vital que se pueda comunicar en todo tipo de situación ya que las consecuencias pueden ser desalentadoras. Aquellos que tienen habilidades de comunicación efectivas sobresalen en la multitud porque pueden influenciar y persuadir a los demás.

La comunicación verbal incluye el uso de sonidos y palabras que permitan entregar el mensaje. La comunicación verbal, es el dialecto que se habla que también requiere de la comunicación no verbal para que el mensaje sea más claro. La comunicación verbal requiere de un discurso efectivo, claro, enfocado, con buenas maneras y etiqueta básica. Si no posee habilidades eficaces de comunicación verbal, entonces no importa que tan bien puede comunicarse alguien más. El mensaje no podrá ser entregado si no se puede comunicar bien verbalmente.

La comunicación verbal y no verbal trabajan de la mano y debe aprender a manejar ambos para poder ser un mejor líder. De hecho, muy a menudo, puede ser de su mayor interés aprender a observar las señales no verbales más que enfocarse en las palabras. Como líder, es exponencialmente importante que aprenda a unir sus estilos de comunicación con el fin de presentarse a sí mismo como alguien honesto e íntegro todo el tiempo.

Como líder, necesita estar dispuesto a adaptarse a cada situación, incluso en la comunicación. Para lograrlo, debe aprender a adaptarse como comunicador. Esto involucra el prestar atención a cada individuo con el que habla y a nada ni a nadie más que se encuentra a su alrededor. Comprométase con escuchar activamente, preste atención a sus señales no verbales y entonces cambie su estilo de comunicarse basado en cómo ellos están reaccionando a Usted. Si lo necesita, anímelos a responderle en un esfuerzo por unirse en el medio. Para esto, debe aprender las habilidades que se encuentran en éste capítulo.

Como cualquier líder lo sabe, Usted necesita dar ejemplo. Esto le ayudará en las muchas situaciones que se le presenten. Familiares, compañeros de trabajo, empleados y supervisores observarán a otros en posiciones más altas o a aquellos que son percibidos como líderes del grupo y les seguirán. Aquellas personas que imitan lo que Usted hace. Por lo tanto, si Usted les escucha activamente, si se reúne con clientes en un nivel más personal y si se abstiene de actuar con enojo, es muy posible que los demás empleados hagan lo mismo. Mientras lleva a cabo las funciones de su trabajo, hable con otras personas acerca de cómo desea que sean los miembros de su equipo, empleados o familiares. Actúe como desea que los demás actúen, así está dando el ejemplo correcto. Siempre ajuste conscientemente su comportamiento y estilo de comunicación como desea que los demás lo hagan.

Las habilidades de comunicación no siempre aparecen de una manera natural, es por eso que es un importante tema de discusión. Estas habilidades necesitan ser practicadas de manera recurrente para poder llegar a manejarlas correctamente. Cada líder debe considerar el tomar clases de habilidades para una comunicación efectiva o algún entrenamiento que les enseñe cómo desarrollar esas habilidades. Más abajo encontrará algunos detalles de las bases que puede utilizar para mejorar su estilo de comunicación.

Habilidades de comunicación verbal

Las habilidades de comunicación verbal son importantes para el éxito en cualquier momento de nuestras vidas. Necesita de buenas habilidades de comunicación verbal para mantener conversaciones amigables, tomar decisiones en su trabajo o en su vida personal, transferir conocimiento en su escuela o en su carrera profesional, coordinar actividades con amigos o en el trabajo y con el fin de mantener una buena relación con la sociedad. Como líder, Usted debe ser un experto en comunicación para poder adaptarse a la gente y a las experiencias de la vida. Algunos ejemplos incluyen:

- Hacer presentaciones
- Dar y aceptar críticas
- Motivar y apoyar a otros

- Investigar y reunir información (Sondeo)
- Conversaciones telefónicas
- Entrevistas
- Reuniones
- Talleres de trabajo

Existen varias estrategias y tips que puede utilizar para asegurarse que su comunicación verbal sea efectiva. Como se indicó anteriormente, éstas habilidades son críticas en cada aspecto de su vida, pero especialmente como líder. Estas son habilidades que puede practicar. Primero, reflexione en cómo desarrollar y entregar un mensaje, y luego enfóquese en cómo ganar respeto y construir la relación basado en una comunicación.

Comunicación abierta

Cada vez que inicie una conversación, una presentación, conozca a alguien nuevo o entre en una sala de reuniones, el primer minuto será el más desafiante e incómodo. Es también en esos pocos minutos que todos se están evaluando entre sí. Este es su momento para dar una duradera primera impresión. La primera impresión indica que hay expectativas. Las expectativas pueden ser difíciles de superar. Sin embargo, use ese momento para manejar las formalidades como normalmente lo haría: con presentaciones, manteniendo contacto visual, siendo amigable y educado, manteniendo una posición interesada y sonriente. Este es un paso fácil en el proceso que puede practicar en casa. Lo importante es mantener la atención y darle a cada quien en la sala una presentación y un saludo. ¡Abra la puerta a la comunicación!

Refuerzo y retroalimentación

El refuerzo puede ser utilizado en muchas formas de comunicación. Puede usarlo para reforzar las ideas de otras personas, para fomentar la participación, proponer tranquilidad, brindar una sensación de calidez y seguridad, etc. Recomiendo utilizar palabras de refuerzo en sus conversaciones o presentaciones, junto con expresiones no verbales que aprenderá en la siguiente sección. El uso de palabras de refuerzo junto al contacto visual, una disposición de calma y, una apertura y entusiasmo por participar, animará a las personas a proporcionar retroalimentación y un mayor debate entre los que escuchan. Ayuda el que Usted señale que está interesado en lo que otros están diciendo. Repita lo que les interesa, así ellos sabrán que los entendió y entonces reflexione con ellos y proporcione una respuesta franca. Asegúrese de proporcionar alivio, si es necesario, para apelar a un sentimiento de seguridad en aquellos que necesitan más apoyo. Alentando a aquellos que se encuentran a su alrededor a dar su retroalimentación en respuesta a lo que dijo, ayuda a estimular la conversación, así como sesiones de presuntas y respuestas. Los líderes son realmente buenos reconociendo cuándo ofrecer apoyo a los demás y cuándo utilizar sus habilidades de comunicación verbal para hacerlo.

Escucha efectiva

Primero que todo, necesita saber que la gente escucha para obtener información, para entender lo que se está diciendo, por diversión o para aprender. La mayoría de nosotros no gasta el tiempo suficiente para escuchar lo que se nos está diciendo. Estamos demasiado preocupados en pensar lo que vamos a decir a continuación para captar la atención de los demás, por lo tanto, debe tener ser consciente que debe aprender la habilidad de escuchar atentamente. Esta habilidad puede ser aprendida y mejorada.

Empiece por escuchar lo que otra persona la está diciendo en ligar de enfocarse en lo que le va a decir como respuesta. Mantenga una mente abierta y objetiva, evite las distracciones y comprométase.

Para convertirse en un oyente eficaz, le sugiero seguir estás sencillas técnicas:

1. Preste atención

2. Muéstrele al que habla que Usted le está escuchando
3. Proporcione su punto de vista o retroalimentación
4. NO juzgue
5. Responda cuando sea apropiado

Cuestionamiento

El cuestionamiento es una habilidad de comunicación muy eficaz puesto que le permite obtener una mejor información, iniciar conversaciones, mostrar interés, aprender acerca de algo, aclarar situaciones, probar, etc. De hecho, es una de las habilidades que lo convierte en un comunicador exitoso. Sin el cuestionamiento es difícil comprometerse.

Las preguntas, generalmente, hacen que alguien se dirija hacia una dirección en particular y darán forma al resto de la conversación. Por ejemplo: Usted le pregunta a alguien "¿Cómo estuvo la reunión con la Junta Directiva acerca del aumento de salarios?"

Las preguntas para recordar y procesar, son preguntas que ayudan a los otros a recordar algo o procesar pensamientos profundos. Esto puede ser algo tan sencillo como: "¿Cuál es tu nombre?" o tan abierta como: "¿Cuáles son tus mayores fortalezas y debilidades?"

Las preguntas retóricas, son aquellas que no requieren de una respuesta. Se usan para causar que aquellos que están escuchando reflexionen acerca de un pensamiento o un tema en especial. Se utilizan más que todo en presentaciones.

Las preguntas de canalización son utilizadas para encontrar información. Usualmente son una serie de preguntas que pueden irse volviendo más restrictivas a medida que se va haciendo cada pregunta. Generalmente se usan cuando conoces a alguien nuevo. Puedes simplemente realizar preguntas cerradas que sean fáciles de responder con una respuesta directa y volverlas más abiertas y así obtener una amplia variedad de respuestas. Como niños, recuerda que su mamá o papá haciéndole preguntas más abiertas y se iban volviendo más directos con preguntas cerradas, como una forma discreta de buscar información. ¡Es una forma de interrogación en su máxima expresión! Aprenda a utilizar éste tipo de preguntas puesto que le pueden beneficiar mucho.

Por último, existe una serie de respuesta que podría recibir a éste tipo de preguntas. Depende de Usted utilizar éste tipo de técnica de cuestionamiento para obtener las respuestas de necesita o desea. De nuevo, apóyese en la comunicación no verbal. Las respuestas más comunes, son:

- Directas y honestas
- Mentiras
- Fuera de contexto
- Parciales
- De escape
- Estancada
- Negativa

Reflexionar y aclarar

Reflexionar y aclarar es un paso importante en el proceso de comunicación porque asegura que el mensaje ha sido enviado y recibido, como se esperaba. Reflexionar significa que pensó en lo que escuchó, lo parafraseó y lo reiteró. Se proporciona de vuelta casi que un resumen de lo que escuchó. La aclaración puede llevarse a cabo entre dos personas (o más, si hay un grupo involucrado) si se ha presentado un malentendido. Esto puede ser considerado como un tipo de comunicación de tres caminos, si lo desea.

La razón por la que se menciona ésta técnica en éste libro, es porque a menudo es dejada a un lado y si se toma el tiempo para practicarla, eso demuestra que está llevando a cabo lo que debe para entender los diferentes puntos de vista, hechos y sentimientos que se han manifestado. Esta es una habilidad que a menudo se pasa por algo y en parte, es el motivo por el que la comunicación no funciona bien.

Comunicación de cierre

El final de una conversación, reunión, presentación, etc., tendrá un impacto significativo en la comunicación completa, porque muy a menudo, es lo que la gente recuerda. Nunca debe terminar una conversación de manera abrupta o terminar una presentación sin una conclusión o una señal sutil que permita que las demás personas sepan que está poniendo fin a la interacción. Es importante que cuando Usted termine una conversación, permita que los demás también cierren esa conversación. Cada uno tiene un entendimiento claro de los acuerdos futuros y todas las preguntas han sido contestadas.

Si Usted no es quien está finalizando la comunicación, observe bien las señales sutiles como a alguien mirando su reloj, levantándose o empacando sus cosas. Entonces es el momento para cerrar y solicitar un seguimiento, si es necesario.

Piense antes de hablar

Piense siempre antes de hablar para evitar cualquier malentendido. Es mejor pensar por unos segundos antes de meter la pata, por así decirlo. Le sugiero pensar en experiencias pasadas donde pudo haber hablado demasiado pronto. ¿Tienen estos momentos un asunto o se basan generalmente en situaciones similares? Si es así, piense la forma en la que puede mejorar esto. ¿Hay alguna persona en particular con la que le resulte difícil hablar? Tal vez un jefe, un familiar o un compañero de trabajo. Tómese el tiempo para pensar acerca de cómo puede mejorar éstas situaciones y cómo manejar a las personas difíciles, así, cuando se le acerquen en el futuro, Usted podrá pensar claramente y acercárseles de una manera más estratégica. No permita que sus emociones le controlen y esté tentado a hablar sin pensar.

Trate de pensar positivamente cada vez que se encuentre en situaciones difíciles.

El poder de los pensamientos positivos no es sólo un decir, esto le ayudará a tranquilizar su mente y hacer que se sienta más calmado, permitiéndole actuar de la misma manera. Reflexione en las palabras que desea utilizar y sólo use aquellas que son positivas. Entonces podrá convertir lo negativo en positivo y mantener una perspectiva más pacífica.

Finalmente, dese cuenta siempre que está intentando alcanzar algo. Esto puede ser personal o profesional. Enfóquese en alcanzar sus metas y eso le ayudará a mantener sus habilidades de comunicación encaminadas. Manténgase positivo, oportuno y a punto. Exprese ideas y objetivos que le ayudarán a alcanzar la meta y procure mantener la negatividad de los demás alejada de Usted.

Sea claro y conciso

Haga todo lo posible por decir siempre exactamente lo que necesita decir. No se vaya por las ramas. Sea claro acerca del mensaje que está entregando. Si está haciendo una presentación, es importante que proporcione sólo información importante y se olvide de temas sin sentido que realmente no afecta para nada lo que está transmitiendo. Sea específico y escríbalo en las primeras páginas de la presentación, y luego proporcione una información con antecedentes. Si está teniendo una conversación uno a uno, nadie desea averiguar lo que la otra personas está tratando de decir, por tanto, comuníquese de una manera clara y concisa. Pregúntese siempre cuál es la forma más clara de comunicarse.

Para eso le recomiendo lo siguiente:

- Minimice el número de oraciones
- ¿Tiene sentido lo que dice?
- No utilice palabras de relleno

- Repita su propósito de varias maneras
- Sea concreto y preciso
- Sea cortés y amable
- Utilice un llamado a la acción para que la audiencia sepa lo que debe hacer a continuación

Sea confiable e inspirador

Hable siempre con confianza y así su audiencia sabrá que es una persona segura de sí misma. Esto hará que estén más dispuestos a creer en sus habilidades. Hable con un tono de voz sólido, haga contacto visual y utilice un lenguaje corporal profesional. El lenguaje corporal es importante y mucho más si va acorde con su discurso. Manténgase erguido, no se balancee de un lado a otro, no cruce las manos, estreche las manos firmemente y sonría. Interactúe con los demás como si fuera el dueño de la sala. Mientras más confianza tenga en Usted mismo, mejor se verá y más inspirador será

Habilidades de comunicación no verbal

La comunicación no verbal afecta a los que se encuentran a su alrededor más de lo que Usted se puede imaginar. ¿Alguna vez se ha puesto a pensar que su comunicación no verbal puede estar enviando un mensaje diferente al de su comunicación verbal o si su comunicación no verbal está enviando un mensaje sin importancia?. Sus señales de comunicación no verbal son una parte importante de sus habilidades de comunicación e influencian significativamente a aquellos que están cerca de Usted. De hecho, la comunicación no verbal le permite:

- Reforzar lo que se está diciendo
- Transmitir sus emociones
- Ayudar a definir la relación que tiene con la persona(s) con las que está hablando
- Proporcionar retroalimentación
- Mejorar el diálogo
- Permitir una mejor interpretación de la comunicación verbal

Debe tener muy en cuenta que la comunicación verbal puede controlarse; sin embargo, muchas veces no lo está. La mayoría de las personas reaccionan no-verbalmente sin darse cuenta más a menudo de lo que creen, porque la comunicación no verbal está basada en las emociones. Con un mejor entendimiento y práctica de la comunicación no verbal, Usted podrá mezclar lo verbal con lo no verbal correctamente, llevándolo así a tener mejores interacciones y habilidades de liderazgo. Habiendo dicho eso, veamos más en profundidad algunas de las habilidades de comunicación no verbal más comunes en las que debe enfocarse y aprender como líder.

Hágase visible

Los líderes necesitan ser vistos en el mundo de los negocios, comunidades y otras organizaciones. No es suficiente transmitir verbalmente algo. Los líderes que son reconocidos como tal, lo son debido a que han hecho un esfuerzo por ser vistos. Han hecho todo lo posible por visitar constante mente a otros que le pueden ayudar a ser lo que son. Son exitosos porque han aprendido acerca de la lealtad hacia los demás en función de su capacidad para influir e inspirar.

Buenos modales

Muy sencillo, no puede por ningún motivo tener malos modales. Es importante que mantenga un balance de buenos modales. Siempre debe ser gracioso como anfitrión o como invitado. Esto se puede hacer con un dominio verbal o no verbal. Para comunicaciones no verbales, estreche la mano de su anfitrión o invitados al momento de su llegada y de su partida.

Asegúrese que su agarre sea firme, no sudoroso y mire a la persona a los ojos cuando le esté dando la mano. Los buenos modales, en un entorno social, incluyen: pararse y sentarse derecho y sin balancearse, mantener contacto visual, tener una apariencia y expresión agradables, sonreír a menudo y hablar con los demás. Recuerde que sus acciones hablan tan alto como sus palabras. Así que es importante que siempre debe dejar una impresión duradera basada en sus habilidades de comunicación no verbal. Intente no fruncir el ceño, cruzar los brazos, mirar su teléfono o alejarse si se encuentra nervioso. Mientras más continúe interactuando con las personas, más rápido se disipará su nerviosismo y tendrá más confianza.

El contacto visual es crucial

El contacto visual es probablemente una de las habilidades más importantes que una persona puede aprender acerca de la comunicación no verbal. Si Usted se queda mirando a la distancia, gira los ojos o mira constantemente hacia el piso, la gente puede encontrarlo desagradable y desinteresado. Usted desea hacer que la gente le dé la bienvenida y lo invite a estar con ellos. Mientras más consiga que esto suceda, más personas serán influenciadas y se enfocarán en Usted. Los ojos de una persona pueden decir más acerca de ellos que sus palabras. Concéntrese en la persona en la que está hablando, así sabrá que está interesado y escuchando. Un buen contacto visual es uno de los mejores cumplidos que puede recibir.

Utilice el espacio

Use su entorno a su favor. Los líderes saben cómo llenar una habitación, por así decirlo. Con esto, lo que quiero decir es que ellos saben cómo utilizar el espacio visual y físico, y hacer que hacer que lo escuchen aquellos con los que están hablando. Por ejemplo, si Usted está haciendo una presentación, le recomiendo que utilice el escenario para conectarse con la gente. Camine de un lado al otro de la sala y haga contacto visual con aquellos que se encuentran en la audiencia. No se esconda detrás del podio para hacerse más pequeño. Expóngase y muéstrese grande al utilizar el escenario a su favor. Camine hacia la gente y utilice el espacio provisto. Esto le permite conectarse mejor con la gente.

Controle el tono de su voz

¡Voz, voz, voz!. Su voz puede ser una tremenda herramienta de comunicación y aún sigue siendo una herramienta de comunicación no verbal porque no se trata de las palabras sino del tono. Cambiar el tono de su voz puede afectar el impacto que puede tener sobre los demás. Utilizando un tono de voz más poderoso, puede ser más dominante en una habitación. Si murmura o habla muy bajo en una presentación o a un grupo de personas, lo verán menos influyente o impactante. Su mensaje verbal sólo tendrá la fuerza que necesita si sabe cómo presentarlo correctamente con el tono de voz adecuado. Si está hablando con alguien en un nivel más personal, entonces ahí querrá cambiar el tono de su voz a uno más calmado y sutil. Hay diferentes elementos de voz: tono, volumen, etc. Tómese el tiempo para aprender acerca de esto y entender lo que funciona en cada aspecto de su vida. Como líder, su voz le ayudará a dictar que tan poderoso e influyente puede ser.

Gestos

Utilizar las manos mientras se habla es una señal no verbal de la persona. Sus gestos pueden ser suaves o dramáticos y los puede utilizar tan frecuentemente como lo desee. Realmente esto le agrega personalidad y atrae a los oyentes. Como oyente, puedes darle una señal de aceptación con tus manos a alguien o indicar un lugar hacia el que se debe dirigir. Los gestos ayudan a influenciar a la gente tanto como las palabras lo hacen con las emociones. Sólo asegúrese de entender las diferencias culturales para evitar malos entendidos.

Contacto

El contacto pude ser una poderosa herramienta que las personas pueden utilizar durante la comunicación. Obviamente, debe ser muy cuidadoso en cómo emplea ésta técnica, pero un simple toque puede enviar un poderoso mensaje tanto a los que escuchan como a los que hablan. Por ejemplo: un ligero toque en el hombro en el brazo, puede enviar un mensaje de empatía, consuelo, gratitud sincera, etc. Esto envía un mensaje de importancia y valor a la otra persona. Les está mostrando a los demás que se preocupa y que está escuchando atentamente. Esto cambia el nivel de comunicación que puede ser de gran valor. Aprenda cuándo utilizar ésta técnica, puesto que puede ser ventajosa para Usted.

Capítulo13: Persuasión e Influencia

Unas fuertes habilidades de comunicación le ayudarán a persuadir e influenciar a la gente en diferentes situaciones a lo largo de su vida, pero como líder, lo debe utilizar a diario. Algunos lo encuentran fácil, pero para otros es una tarea ardua. Existen diferentes métodos para persuadir e influenciar a alguien. Sin embargo, Usted necesita entender que la persuasión no es lo mismo que la manipulación. La gente tiende a confundir estos dos conceptos, pero la diferencia está en la intensión.

Establezca credibilidad

Debe tener en cuenta las ideas y opiniones de los demás. Establezca un entorno dónde los miembros de su equipo estén dispuestos a participar y entender que todas las opiniones y formas de pensar son válidas. Recoja toda la información y luego desarrolle un plan que demuestre lo que contradice o apoya cada argumento. La clave es tener los datos que soporten el análisis.

Entienda a la audiencia

Identifique objetivos comunes para toda la audiencia y establezca su objetivo principal. Esté seguro que puede demostrar cómo se relacionan cada uno de estos objetivos y trabajen juntos para conseguir el objetivo principal. Este paso en el proceso tomará algún tiempo, puesto que Usted quiere identificar quiénes son sus decisores clave, quiénes son sus stakeholders y cualquier otra fuente de influencia. Comprenda el argumento inicial y sepa si se puede comprometer. Su trabajo será trabajar con cada uno para asegurarse que están contentos con el cumplimiento de sus intereses y su compromiso.

Refuerce su posición

Usted debe ser capaz de respaldar su decisión con evidencia, y así poder influenciar a las personas. Para eso necesita información (gráficos, cuadros, imágenes, ejemplos, etc.), eso explicará su posición y finalmente comprará a la audiencia. Usted necesitará lo siguiente:

- Datos/experiencias lógicas y consistentes
- Abordar favorablemente los intereses de la audiencia
- Eliminar alternativas competitivas
- Reconocer y tratar con políticas de

oficina
- Recibir avales

Un liderazgo que se conecta emocionalmente

Una vez que ha desarrollado una posición, necesita demostrar que está comprometido con esa posición. Deberá obtener una perspectiva del estado emocional de su equipo y utilizarlo para entregar el mensaje. La capacidad de la audiencia de recibir su mensaje estará basada en la emoción, así que debe conectarse con ellos en varios niveles, como por ejemplo, por qué es Usted quien realiza el trabajo. La diferencia entre sus miembros del equipo determinará cómo entrega el mensaje y, de nuevo, debe entregarlo de diferentes formas, con el fin de lograr que cada uno puede conectarse emocionalmente con él a favor de Usted. Debe asegurarse que se conecta con ellos emocional e intelectualmente.

Tips para una persuasión exitosa en el

lugar de trabajo

1. Se trata de ellos no de Usted

Lo más importante que necesita entender acerca de la persuasión es que gira alrededor de la comprensión de su audiencia. Cuando piensa al respecto, no es qué tan buen persuasor es Usted, es más acerca de qué tanto los puede persuadir. Necesita poder crear un ambiente que fije un terreno común entre los grupos de personas para establecer un resultado final. Su capacidad de aprender de cada uno de ellos, encontrar los aportes y opiniones más importantes, establecer un terreno común y guiar todo eso hacia un objetivo común, lo hará eficaz.

2. La credibilidad importa más

Construir su creatividad es una de las claves críticas al momento de persuadir e influenciar a alguien. Usted debe tener conocimientos y haber creado un cierto nivel de autenticidad entre sus pares para poder presentarse a sí mismo como alguien que puede convencer a otros eficazmente. Sus logros pasados y presentes le ayudarán a decidir si tiene esa habilidad. Mientras más experiencia tenga, mejor será.

3. La clave es la comunicación efectiva

Una vez que haya desarrollado cierto nivel de credibilidad, debe usar todas las habilidades de comunicación qua ha aprendido aquí para mantenerla y para empezar a persuadir a otros. Ser un comunicador eficaz significa que puede persuadir e influenciar. Continúe practicando todas las habilidades de comunicación que se han descrito en éste documento para ayudarlo a ser cada vez más un mejor comunicador.

4. Escuche, escuche, escuche

Usted debe ser capaz de escuchar a todos y cada uno de los miembros de su equipo. No sólo escuche sus palabras, sino que conozca a su audiencia en un nivel más diverso. Échele un ojo a su lenguaje corporal hacia Usted y hacia los demás; sea paciente y muestre empatía por aquellos que lo necesitan. No hay reglas establecidas acerca del tipo de persuasión que debe utilizar. Cada quien requiere de algo diferente. Lo primordial es conocer a su audiencia. Conozca lo que quieren y cuál es su objetivo final. Escuchar es aprender.

5. Practique la persuasión

La práctica hace la perfección en cada cosa de nuestras vidas. No confunda esa línea. Se necesita experiencia para dominar el arte de persuadir e influenciar. Le sugiero que cuando sepa que tiene una presentación o un proyecto por delante, se tome su tiempo para pensar en cómo lo va a presentar, para pensar en todas los posibles "que tal si" y cómo desea obtener un buen resultado final. Reflexione en cómo se lo va a presentar al grupo, cómo reducirá las ideas y opiniones, y poder concentrarse en el objetivo común. Piense acerca de las respuestas que podrá obtener y lo que necesita hacer para que respondan a su favor. Esté seguro de utilizar siempre las habilidades de comunicación que ha aprendido aquí.

Conclusión

Lo felicito por haber llegado al final de éste libro. Mi intención fue proporcionarle toda la información y herramientas que necesita para convertirse en ese gran líder que Usted sabe que puede llegar a ser. Recuerde que el liderazgo es una habilidad, lo que quiere decir que sólo la puede mejorar con la práctica. Si se encuentra de repente en un nuevo rol de liderazgo, apéguese a la idea de fingir hasta que haya elegido el estilo de liderazgo que cree que se adapta mejor a su personalidad. Eventualmente, habrá dejado de fingir sin darse cuenta.

Es importante que mantenga en mente que no todos los estilos de liderazgo funcionan para todos los líderes ni para todos los equipos. Mientras más amplíe sus horizontes, más preparado estará en el futuro. Intente usar todos los estilos de liderazgo discutidos anteriormente, más tarde o más temprano se dará cuenta que ha adoptado ideas de cada uno de ellos y ha creado su propio estilo.

Parte 2

Introducción

Gracias por descargar este libro. Con más de 15 años de experiencia en el mundo corporativo y trabajando como voluntario en muchos proyectos, he logrado reconocer la importancia del liderazgo en la vida del hombre. Se piensa que el liderazgo es un asunto que solo corresponde a individuos que ocupan posiciones clave dentro de una organización. Sin embargo, la realidad es que cada uno de nosotros se ha encontrado en situaciones donde se nos ha requerido guiar a otros de forma efectiva. Esto puede referirse al momento de empezar una familia, en los estudios, deportes, negocios o incluso en nuestros trabajos.

El liderazgo no solo está ligado a un puesto de trabajo; es una habilidad que nos puede ayudar a mejorar nuestras interacciones con los demás y por lo tanto mejorar nuestras vidas.

El primer estudio serio sobre liderazgo se remonta a 1920 y desde entonces podemos encontrar incontable literatura sobre el tema. Para este libro, he tratado de consolidar factores clave disponibles gracias a años de investigación institucional que pueden ayudar al hombre común a convertirse en un líder efectivo. Si eres padre de familia, dueño de un negocio o tienes un trabajo, las habilidades de liderazgo te permiten conectar con las personas y movilizarlas hacia una dirección. También permite desarrollar seguidores que crean y estén dispuestos a apoyar la visión de cambio que tienes. Es una herramienta poderosa porque conlleva a ganar la habilidad de influir sobre grupos, comunidades, sociedades, etc. en un modo positivo para traer un cambio.

Este libro proporcionar algunas técnicas esenciales y estrategias para ser un individuo más influyente. De este libro puedes sacar un mejor entendimiento sobre la importancia del liderazgo, adoptar características y actitudes clave, evaluarte a ti mismo como líder y sobre todas las cosas convertirte en un líder mejor y más eficiente.

Te animo a tomar el tiempo para revisar este libro y sacar el mejor partido.

He extraído puntos importantes y los he simplificado para que puedan ser practicados en el día a día de cualquier persona que esté interesada en crear un mayor impacto sobre su familia, comunidad, organización y vida. Por lo tanto, este libro es breve y preciso para una lectura más fácil. La meta es darte información útil y práctica que pueda ser implementada más que presentar montones de páginas de investigación y datos objetivos.

Capítulo 1

Definición e importancia del Liderazgo

El concepto de Liderazgo es mucho más simple de lo que pensamos. Se resume en hacer que las personas tomen una acción hacia un objetivo. El mayor reto de un líder es ¿cómo mover a otros hacia una misma meta o acción?

Verás, la gente se moviliza cuando se siente inspirada, motivada y animada (directa o indirectamente) para conseguir un mejor futuro. Este futuro puede estar relacionado a su vida personal, organización, comunidad, sociedad, etc. No se si has escuchado acerca de una figura del deporte reciente en UltimateFightingChampionship (UFC), ConnerMcGregor. No soy fanático de la UFC, pero sin duda este individuo me interesó. Para aquellos que no conocen a ConnerMCGregor, es un luchador irlandés de 27 años, que llegó al campeonato mundial en cuestión de meses, obteniendo múltiples títulos mundiales en este momento. Sin entrar en muchos detalles acerca de ConnerMcGregor, lo realmente fascinante, es la cantidad de gente en Irlanda que se sintió inspirada y comenzó a combinar artes marciales con el deporte de campeonato UltimateFighting.

Todos hemos escuchado acerca de Bruce Lee; quien fue capaz de motivar a miles de individuos a practicar el arte del Kung Fu y las Artes Marciales. Junto con sus habilidades increíbles en el deporte, fue capaz de movilizar a la gente al motivarlos e inspirarlos con sus filosofías sobre la vida, el entrenamiento, el arte, etc. Deben existir muchos expertos en artes marciales antes y después de él, pero Bruce Lee movilizó a miles (sino millones) hacia una nueva forma de entrenamiento de combate y un nuevo estilo de vida. Aún hoy, sus enseñanzas siguen vigentes y la gente continua aprendiendo y creciendo utilizando sus filosofías.

Estos son solo ejemplos; ahora, uno no tiene que ser una figura del deporte para ser un líder. El punto es que los líderes tienen la habilidad (o el encanto si se quiere) para hacer que miles tomen acción hacia una dirección en particular.

Esencialmente esto es lo que realmente implica el liderazgo. Ahora bien, existen innumerables estudios y variables en las que los líderes puedes hacer que otros tomen acción. Sin embargo, antes de entrar en ese tema, hablemos de por qué el liderazgo es importante. ¿Por qué alguien quisiera que otro se mueva o tome cierta acción? Para la mujer y el hombre ordinario, ¿no es suficiente tener una vida como a él o a ella le place, sin tener la necesidad de hacer que otros tomen ninguna acción?

Bien, en algunos escenarios no tienen ningún sentido intentar liderar a otros. No estamos obligados a conducir a otros en general en la vida. Pero, en otros casos, la pasión o el deseo por una actividad o un resultado es tan maravilloso en una persona, que naturalmente le transmite a otros y los lleva a entrar en acción. Un ejemplo puede ser Tiger Woods. El golf es su pasión, pero se hizo tan bueno, que Tiger Woods fue capaz de atraer a muchas personas a empezar a practicar golf. Le imprimió un nuevo carisma y atractivo al deporte del golf.

Sin embargo, para la persona promedio, el liderazgo puede ser incluso una necesidad cuando se trata de criar una familia o representar un rol positivo en la sociedad o en un negocio o se encuentra en una posición en el trabajo de liderar a otros. El punto es, las circunstancias o situaciones pueden demandar que actúes como un líder, lo quieras o no.

Por lo tanto, me gusta creer que es importante desarrollarlo. Si el liderazgo no es bien entendido, la gente realmente puede entrar en conflicto cuando se requiere que lidere a otros en sus vidas. No puedo hacer suficiente énfasis en la importancia del liderazgo cuando se trata de llevar un negocio. Tienes que estar muy en control de tus colegas, trabajadores, etc. Si el líder de una compañía no es capaz de darle una dirección clara a su gente o movilizarlos hacia una visión en común, es casi imposible que las personas se logren alinearse hacia una meta común y se logren resultados.

Espero haber hecho suficiente énfasis en la importancia del liderazgo en la vida de todos. Quizás venga en diferentes formas y maneras, pero todos experimentan la necesidad de liderar a otros en algún aspecto de la vida. Dicho esto, quisiera hablar de algunas formas en las que los líderes pueden persuadir a otros. Estos puntos no son todos comunes a todas las situaciones de liderazgo. Diferentes escenarios funcionan distinto, pero yo creo que pueden ser utilizadas de forma positiva cuando sea necesario. También te dará una idea más clara en cómo eliges persuadir a otros para que tomen acción. Algunas técnicas de persuasión utilizadas por líderes exitosos son:

- **Reciprocidad** – Es la habilidad de dar antes de pedir algo a cambio. Una forma efectiva de persuadir a otros puede ser dando algo antes de solicitar una acción en retorno.

- **Escasez** – Cuando algo parece estar acabándose las personas suelen moverse hacia ello. Especialmente por el miedo de lo que podrían perder.

- **Autoridad** – la gente tiende a seguir a individuos que tienen credibilidad, conocimiento y experiencia.

- **Consistencia** – Cuando la gente puede ver que el compromiso y la consistencia se encuentran, tienden a desarrollar confianza. La confianza es la clave de la persuasión.

- **Simpatía** – Los principales factores juegan un rol en la simpatía (1) Personas similares a nosotros. (2) Personas que nos hacen cumplidos y (3) personas que cooperan con nosotros.

- **Consenso** – Cuando hay inseguridad, las personas verán el comportamiento de otros antes de determinar los propios.

Es importante conocer estos principios de persuasión y utilizarlos cuando sea necesario. Ahora, estas son herramientas utilizadas por un individuo para animar a otros a tomar acción. No necesariamente representan características del liderazgo. A continuación, hablaremos sobre los valores clave y características que un "buen" líder debe tener. Cada individuo es único en la forma en que él o ella lidera a otros. Nada de esto está escrito en piedra, sin embargo, he mencionado estos principios para darles algunas guías y alentar a los lectores a adoptar algunos de ellos como hábitos o parte de su vida.

Capítulo 2

Valores clave y características del Liderazgo

La dinámica de liderar a otros en distintas situaciones puede ser tan extensa, que no resulta fácil determinar exactamente qué funciona en cada situación.

Algunas personas pueden enfrentar algunas condiciones que requieren un enfoque más práctico, mientras que otros pueden necesitar indicaciones y estrategias. Saber cómo adaptarse basados en la situación que enfrenta cada individuo es ciertamente una característica de un líder.

Dicho esto, basado en investigaciones y estudios de numerosas compañías expertas que han logrado limitar algunos rasgos comunes que hacen a un líder exitoso. Siendo esto, en el caso del líder, lograr hacer que las persones tomen la acción deseada y lograr el resultado que se espera.

Tener altos niveles de inteligencia y conocimiento técnico es muy importante. Sin embargo, estudios recientes sobre modelos de competencia de 188 compañías demostraron que la inteligencia emocional es el mayor aporte para ser un líder exitoso. En varios niveles de posiciones de liderazgo dentro de las organizaciones, los individuos que demostraron un nivel de inteligencia emocional mayor destacaron sobre los demás. Como explico en la construcción de bloques de inteligencia emocional, verás cómo ésta juega un papel crítico en influenciar a la gente y obtener resultados. Son los valores fundamentales y características de un líder efectivo. Si las filosofías fundacionales de cualquier líder incorporan estos valores y características, es más probable que sobresalgan en su rol de liderazgo. Del mismo modo, la exclusión de estos principios llevará a más frustración y resultados desfavorables.

Para desarrollar tu valores y características

de liderazgo trata de incorporar uno o más de los siguientes principios básicos.

1) **Autoconciencia** – Para decirlo simplemente, esta es la habilidad de entender tu propio humor, emoción e impulso. Y para agregar, cómo esto impacta a otros.
Esto refleja la seguridad de un líder. A menos que seamos plenamente conscientes de estos motores de impulso, es difícil construir una base que te ayude a crear impacto en otros. Esta es una de las áreas en las que la mayoría de la gente no está consciente y se trata de nosotros mismos. Una vez te encuentras más consciente de ti mismo, la siguienteclave será la auto regulación.

2) **Autorregulación** – Es la habilidad de redirigir impulsos y estados de ánimo perturbadores. Cuando las personas se encuentran en un estado emocional negativo usualmente se suspende la capacidad de pensar antes de actuar. Sin

embargo, si la autorregulación está presente en el líder, esto creará confianza e integridad. Un sentimiento de comodidad entre los miembros del equipo y de apertura hacia el cambio.

3) **Motivación**– Una de las características más importantes de los líderes, es la capacidad de motivar a otros. Esto requiere la capacidad de demostrar pasión que va más allá del dinero o beneficios. El impulso hacia el logro, optimismo y compromiso son raíces auto desarrolladas que, instantáneamente, producen motivación en otros miembros del equipo.

4) **Empatía** – Ser capaces de comprender las emociones de otras personas y tener las destrezas para tratar a otros de acuerdo a sus emociones. De esto se trata realmente la empatía cuando hablamos de liderazgo. Incorpora una sensibilidad cultural que abarca no solo a los miembros del equipo sino también a personas externas como clientes y usuarios. La empatía se conecta también con el último

punto: las habilidades sociales.

5) **Habilidades sociales** – Demostrar la habilidad de manejar y desarrollar redes de relaciones. Las habilidades sociales influyen en la efectividad de liderar el cambio, persuadir a otros y el dominio en formar equipos.

Algunas o todas estas características son visibles en otros líderes. Sin embargo, para convertirte en un líder eficiente y exitoso se requiere que domines todas estas características. Quizás suenen muy simples, pero requieren de práctica y esfuerzo consciente desarrollarlas correctamente. Podemos encontrar algunas de ellas dentro de nosotros, pero vale la pena evaluar cuánto podemos desarrollarlas por nosotros mismos.

Capítulo 3

¿Qué tipo de actitudes de liderazgo debo adoptar?

El liderazgo también se lleva en la actitud del individuo. Muchas áreas pueden ser discutidas y mucho se puede escribir acerca de cómo deberían ser las actitudes de un líder. Sin embargo, en esta sección me gustaría hacer énfasis en tres tipos de actitudes que líderes efectivos deberían cambiar y desarrollar un nuevo enfoque.

Muchos de nosotros tenemos tendencia a creer que la mayoría de los líderes necesitan examinar a fondo hasta lo más específico de lo que se necesita que suceda, hacer planes, organizar a las personas para llevar a cabo esos planes y monitorear el logro de cada uno de esos planes. Ciertamente estas actividades son importantes, pero son más apropiadas para ser ejecutadas por un gerente.

Existe un cambio en la actitud que se requiere para un liderazgo efectivo. Este cambio se necesita en la forma de pensar y el comportamiento. Es un error común que a veces los líderes solo gestionan a sus seguidores en vez de realmente guiarlos. El resultado es terminar sumergidos en detalles en vez de dar una dirección solida y alcanzar resultados.

Por lo tanto, para poder avanzar hacia convertirte en un líder efectivo debes moverte hacia estos patrones de pensamiento. Permíteme explicar un poco más:

Planificación de proyectos vs. Establecimiento de directrices – Planificar es, esencialmente, separar actividades en pequeñas piezas para que otros puedan ejecutarlas dentro de un período de tiempo. Un líder debe excluirse de esto y centrar su foco en establecer una dirección para que los otros puedan seguir. Te sorprenderá cuánto tiempo puede utilizarse en establecer una directriz. Esto incluye conversar con el personal y centrarse en qué necesitamos conseguir en vez de planificar todo lo específico en cuanto a cómo va a ser alcanzada la visión que tenemos.

Organizar el equipo vs. Alinear el equipo – Organizar el equipo se trata de conseguir a las personas indicadas para un proyecto o trabajo específico. Esto incluye entrevistar candidatos acerca de su experiencia, habilidades, calificaciones, etc. Un líder preferirá alinear a las personas con una visión estratégica en vez de tratar de conseguir el equipo correcto. Ten en mente que el liderazgo se trata de traer cambio en miras hacia el futuro. Las personas que son atraídas hacia un grupo o una organización deberían estar alineadas con la visión de cambio que se les muestra. Los valores, creencias y motivaciones de estas personas deben apoyar la idea que necesita ser lograda.

Supervisión vs. Inspiración – Aunque la supervisión tiende a convertirse en el foco primario de muchos individuos en posiciones de liderazgo, es importante darse cuenta de que el liderazgo involucra tratar con personas y no con robots. Es muy extenuante y difícil monitorear y constantemente hacer que las personas sean responsables por lo que están haciendo. Sin mencionar que este enfoque crea un ambiente nocivo del cual las personas quieren salir. Inspirar a las personas, por otro lado, es lo que líderes experimentados hacen. Es algo que viene de adentro, haciendo que las personas se muevan sin necesidad de perseguirlas para que hagan algo en particular. Finalmente, una persona que es capaz de inspirar a otra podrá impactar a más gente y movilizarlas más que alguien que cree que supervisar o controlar a las personas traerá el resultado deseado. Muchas veces he visto a personas en posiciones altas de liderazgo quienes, en un fuerte afán de traer resultados, terminan supervisando mucho más en vez de inspirar. El resultado es frustración y agotamiento solamente porque no son capaces de lograr resultados o de lograrlos lo suficientemente rápido.

Si te has dado cuenta, estas cosas vienen de la experiencia, práctica, y más importante aún, de interactuar con las personas. Mientras más alguien pueda establecer directrices, alinear a las personas e inspirarlas; el efecto será una acción masiva de parte de los subordinados quienes serán capaces de crear mayores, más rápidos y mejores cambios en el ambiente. Un gran ejemplo pertenece a la división de productos de papel de Procter & Gamble cuando Richard Nicolosi comunicó el siguiente mensaje "Cada uno de nosotros es un líder". Esto causó una actitud de responsabilidad y emprendimiento que llegó a todos los equipos resultando en ganancias que se alcanzaron tiempo récord (más sobre esto en la siguiente sección). Imagina lo difícil que hubiese sido lograr esto tratando de planificar, organizar y supervisar a toda la gente.

Capítulo 4

Ejemplos de liderazgo y escenarios

Historias y ejemplos de éxito de líderes exitosos es, por mucho, una de las mejores formas de aprender sobre liderazgo. Es un asunto que ha sido estudiado e investigado por muchos años. Aunque se ha hablado de liderazgo desde los tiempos de Platón, el primer estudio serio se remonta a 1920. Aquí se incluye la primera teoría sobre liderazgo también conocida como Teoría de los Rasgos. Este estudio apunta a identificar las características comunes de los líderes.

Sin entrar en muchos detalles acerca de la historia del liderazgo, me gustaría mostrar algunos ejemplos de líderes que han sabido dar un giro a las situaciones de organizaciones utilizando las actitudes positivas descritas a continuación.

Eastman Kodak

En los años 70 la compañía Eastman Kodak, normalmente conocida como Kodak, enfrentó una situación donde, aunque sus ganancias estaban creciendo, el costo de las máquinas aumentaba casi al mismo nivel. Se hacía muy difícil para la empresa mantener niveles de ganancia saludables. La compañía tenía alrededor de 1 billón de dólares en ganancias, pero en 1984 Kodak tuvo que amortizar de su inventario cerca de 40 millones. Esto levantó preocupaciones cada vez más serias para la compañía. El nuevo gerente designado, ChuckTrowbridge sabía que debía producir un cambio rápidamente para poder mejorar esta situación.

Para hacerlo, estaba comprometiéndose con el personal de la compañía, especialmente con el gerente de mantenimiento e ingeniería Bob Crandall.

La meta que trazaron ChuckTrowbrigde y Bob Crandall era que la organización cambiara a una forma menos burocrática y más descentralizada. Al hacer esto, querían que Kodak se convirtiera en un fabricante con operaciones a nivel mundial. El mayor reto que encontraron fue que la cultura y normas de la organización era completamente lo opuesto. Lograr un cambio como este no fue nada fácil.

Para comenzar, Chuck coordinó reuniones semanales con quienes le reportaban directamente para conversar sobre los asuntos clave y retos encontrados día a día. Así mismo, una vez al mes Bob sostenía reuniones con 80 a 100 miembros de su equipo para discutir cualquier cosa que ellos sintieran que pudiera mejorar el desempeño operacional del departamento.

El punto clave que quiero enfatizar es que Chuck y Bob estaban tratando de alinear a todos internamente con la visión que habían desarrollado para salvar a la compañía de caer en el pozo. Para comprometer y alinear a las personas externas a la empresa, sostuvieron también reuniones semanales con su mayor proveedor.

Las comunicaciones escritas fueron optimizados para que los empleados tuvieran oportunidad de hacer preguntas anónimas a Bob Crandall y sus altos gerentes. Este programa fue llamado "Cartas de diálogo" donde a los empleados les fue garantizada una respuesta. Otro enfoque visible y efectivo fue el uso de gráficos en los pasillos del edificio, estos reportaban la calidad, costo y rendimiento de los resultados de cada producto.

Todo esto llevó al mejoramiento significativo en un período de seis meses. Los defectos por unidas bajaron de 30 a 0.3. En un período de tres años, los costos de línea de producto bajó cerca de un 24%. Entregas a tiempo aumentaron de 82% a 95%. Los niveles de inventario bajaron en un 50%, pero el volumen de productos siguió en aumento. En 1988, cuando fue evaluada la productividad medida en "unidades por empleado fabricador" había casi duplicado.

Alinear a las personas con la visión es una herramienta poderosa utilizada por un líder efectivo para traer cambios masivos. Si se hubieran invertido todos los esfuerzos en contratar a la gente correcta para los puestos claves, los resultados solo hubieran continuado mostrando una tendencia decreciente para Eastman Kodak.

American Express

Otro gran ejemplo es American Express. Aquí se demuestra como el liderazgo puede establecer una dirección para traer el cambio que se imaginan. Cuando Lou Gerstner se convirtió en Presidente de Servicios Relacionados a Viajes (TravelRelatedServices – TRM) para American Express, la compañía se enfrentaba a una dura competencia por parte de MasterCard y Visa. La naturaleza altamente competitiva de la industria estaba cobrando peaje ya que los bancos estaban listos para emitir tarjetas de crédito a través de los competidores.

American Express se enfrentaba con una de las situaciones más complicadas en sus 130 años de historia ya que los márgenes de ganancia cayeron y el crecimiento se hizo difícil.

Lou Gerstner visualizó la compañía como una empresa dinámica y creciente, con una amplia gama de productos y servicios. La creencia tradicional que comúnmente se tenían en American Express estaba muy fuertemente ligada a un producto, por ejemplo: la tarjeta verde. Además, la gente creía que este producto tenía un potencial limitado de crecimiento e innovación.

Después de unas semanas, Gerstner juntó a miembros clave de la organización y empezó a preguntarle acerca de sus principios bajo los cuales el negocio era manejado. También, para moverse rápidamente hacia una cultura de mayor emprendimiento, el riesgo inteligente fue premiado y la burocracia dentro del negocio fue disuadida. Para promover aún más las capacidades de emprendimiento de los equipos, las personas fueron promovidas de cargo a las altas gerencias, se introdujeron nuevos programas de gerencia y los reconocimientos e incentivos fueron mejorados (especialmente en las áreas de servicio al cliente).

Estas acciones pueden sonar muy simples, pero fueron adaptadas para alinear a las personas con la visión de tener una empresa dinámica y en crecimiento, con un amplio rango de productos y servicios. Las iniciativas dieron como resultado que Amex emitió tarjetas en 29 monedas diferentes (contra solo 11 una década antes). La compañía expandió sus productos y servicios hacia nuevos mercados. En 1981, TRM (Servicios Relacionados a Viajes) combinó las tarjetas con las cualidades de servicios de viajes para ofrecer a clientes corporativos un sistema unificado para monitorear y controlar gastos de viaje. Para 1988, la compañía se había convertido en la quinta empresa con el mayor mercadeo a través de correo directo en los Estados Unidos. Otros nuevos productos incluyeron el seguro de 90 días para todas las compras hechas con tarjetas Amex. La empresa también renovó la tecnología de procesamiento la facturación y brindar estados de cuenta mensuales para los clientes, lo que redujo los costos de facturación en un 25%.

El resultado fue fenomenal; American Express incrementó su ingreso neto en un 500% en un período de diez años. El negocio sobrepasó a muchas compañías de alta tecnología, con un rendimiento de capital de 28% en 1988.

Procter and Gamble

Otro gran ejemplo es el del gerente general asociado de Procter and Gamble, Richard Nicolosi, quien utilizó la motivación para darle un giro a la compañía. Al enfrentar una feroz competencia la empresa estaba perdiendo rápidamente cuota del mercado en los años 70.

Internamente, P&G se enfrentaba a burocracia y guerras internas. Las personas dentro de la organización habían formado dos grandes grupos de individuos, técnicos ycomerciales, respectivamente. Compitiendo entre ellos en ahorro de costos y metas funcionales. P&G encontró difícil crecer y mantener su cuota de mercado.

Tan pronto como Richard Nicolosi entró en su nueva posición, empezó a hacer énfasis en la necesidad de un mayor foco en el mercado en vez de ahorro de costos y metas funcionales. Empezó a realizar reuniones semanales y mensuales con sus equipos principales y comenzó a categorizarlos en grupos de grandes marcas. Las responsabilidades se movieron hacia estos grupos alentándolos a ser innovadores y crear nuevas ideas para el desarrollo de productos. Esto comprometió a la gente y cambió el foco hacia del desarrollo en vez de la competencia interna. La moral del personal se elevó de este modo, en la medida en que había algo nuevo en qué enfocarse.

Adicionalmente, nuevos equipos motivacionales fueron formulados para comunicar la nueva visión acerca de los productos y las sugerencias de los miembros del equipo fueron bienvenidas. Nicolosi, junto con los miembros de la junta, resaltaron la idea de "cada uno de nosotros es un líder" durante las reuniones y eventos de la compañía. Esto ayudó a crear un ambiente de identidad y comprometió a todos hacia un futuro más excitante para la compañía.

Uno de los productos de P&G, Ultra Pampers, en 1985 incrementó su cuota de mercado de 40% a 58% y su rentabilidad pasó de un punto de equilibrio a positivo. En pocos meses toda la marca en general había subido en 150% en el mercado. P&G fue más allá estableciendo nuevos reconocimientos y programas de recompensa. En 1988 los ingresos habían subido 40% dentro de un período de cuatro años y las ganancias aumentaron en un 68%, esto ocurrió a pesar del incremento en la competencia del mercado.

Llevar el cambio a su máximo nivel

El liderazgo superior puede cambiar las cosas, si se utilizan herramientas tales como motivación, alinear a las personas con la visión de la compañía y dar dirección. Un tema común que podemos notar en todos estos ejemplos es el incremento en la comunicación con los miembros principales o equipos y la descentralización de las estructuras de negocio. El resultado de este simple esfuerzo trajo consigo un cambio masivo y dando un giro de 180 grados al desempeño de la compañía.

Capítulo 5

Evalúate como líder

Con este mundo acelerado de hoy en día y los cambios constantes en el entorno, no es fácil tener un líder perfecto. Cuando hablamos de liderazgo una imagen mental es proyectada, de este ser humano perfecto que está en la cima del mundo porque él o ella lo sabe todo acerca de todo y puede siempre tomar las elecciones y decisiones correctas.

La realidad está muy alejada de esto. Como cualquier otro ser humano, un líder tiene fallas y defectos. Lo que es útil es entender que tener claras estas fallas o debilidades ayuda a la persona a identificar dónde él o ella necesita la ayuda de otros.

Pretender ser perfecto en todas las áreas puede ser extenuante. Y lo que es peor, después de empujarte a ser un espécimen perfecto del liderazgo, los resultados pueden estar muy alejados de lo que se desea alcanzar.

Por lo tanto, en esta sección, hay cuatro grandes áreas de las que me gustaría hablarte que te ayudarán a identificar qué tan efectivas pueden ser tus habilidades de liderazgo. Más aún, existen algunos consejos alentadores de cómo puedes mejorar en algunas de esas áreas.

Después de trabajar con cientos de líderes y de hacer muchos años de investigación, el MIT Learning Center desarrolló una estructura de cuatro grandes áreas para evaluar líderes. He utilizado éstas categorías para ayudarte a hacer runa evaluación de ti mismo como líder. Las cuatro áreas pueden ser utilizadas por cualquiera si eres padre, estudiante, profesor, gerente, dueño de negocio, etc. Consciente o inconscientemente todos jugamos roles de liderazgo en algún punto de nuestra vida. No necesitas ser un alto ejecutivo (CEO) de una gran corporación para evaluar tus habilidades de liderazgo. Es necesario para todos pulir sus habilidades en liderazgo simplemente para convertirse en una mejor persona en la vida.

Dicho esto, las cuatro grandes áreas son:

Dar sentido – interpretación de los cambios del entorno
Relacionarse – construir redes útiles y de confianza
Visualización – ver las posibilidades o un futuro mejor y más atractivo
Innovar – Encontrar formas creativas e innovadoras para hacer la visión una realidad

Después de esta breve descripción de las áreas, vamos a profundizar para mostrarte como puedes evaluarte a ti mismo.

Dar sentido:

Dar sentido o Sensemaking es un término que fue desarrollado por el psicólogo organizacional Karl Weick. Como implica la palabra, es un proceso constante de tratar de tener una mejor comprensión del entorno. El reto con el dar sentido se da cuando un entorno es dinámico; continuamente va cambiando mientras se va utilizando. La clave para dar sentido o "sensemaking" está en definir un mapa útil con todas las metas particulares y clarificarlas a la luz de las situaciones que va enfrentando una organización.

Los líderes efectivos tienen la habilidad de saber cuál entorno es complejo y es capaz de simplificarlos de acuerdo a la dirección que se desea tomar. Haciendo esto, pueden beneficiarse de las oportunidades y proteger a la organización, grupos o personas, de las amenazas presentadas por el entorno.

Signos de debilidad:

Observa estas características y si te sientes identificado con ellas entonces existe la posibilidad de que necesites ayuda como líder en el área de dar sentido:

1) Fuerte sentimiento de que siempre tienes la razón
2) Sentirse frecuentemente cegado por los cambios en tu entorno, negocio u organización
3) Resentirse cuando las cosas cambian

Qué hacer para fortalecer el "dar sentido":

Algunas cosas útiles y fáciles que puedes hacer para mejorar en dar sentido son:

1) Junta información de múltiples fuentes como por ejemplo: miembros del equipo, proveedores, competidores, inversionistas, etc.

2) Involucra a otros en el proceso al preguntarles cuáles son sus puntos de vista o perspectivas.

3) Busca maneras alternativas de expresar y entender las opciones. Trata de ver algo desde distintos ángulos. No necesitas empantanarte con parálisis del análisis, solamente debes estar alerta y saber cuáles pueden ser las diferentes posturas. Siéntete libre de desarrollar pequeños experimentos para probar tus conclusiones. Prueba el agua antes de sumergirte en lo profundo.

4) Prueba nuevos enfoques en vez de aplicar los marcos existentes para hacer las cosas. Evita describir las cosas en formas estereotipadas como chicos buenos y chicos malos o personal de marketing y personal técnico, etc.

Relacionarse:

Dar sentido está en sincronía con relacionarse también. Una vez que un líder es capaz de dar sentido al entorno, él o ella necesita ser capaz de comunicarlo a los miembros de su equipo/compañeros (externos o internos).

Aquí es cuando relacionarse entra en juego. Es la habilidad de promover la confianza, optimismo y consenso con otros. La manera como concluimos algo quizás no sea percibida igual por otros a pesar de lo que sea correcto o incorrecto. Aquí es donde los principios de preguntar, abogar y conectar. Lo que esto significa es que primero debes preguntar y escuchar al otro genuinamente con la intención de entender sus pensamientos y sentimientos.

El siguiente paso es abogar que se traduce en explicar tu propio punto de vista y es lo opuesto de preguntar. Sin embargo, si has escuchado a la otra persona primero, has abierto la posibilidad de que te escuchen. Cuando abogas, también puedes "conectar" con la otra persona en ciertos puntos dado que en un principio escuchaste cuidadosamente sus pensamientos y emociones.

Esta es la base de relacionarse con otros y construir redes útiles. Muchas veces vemos como las personas expresan su opinión y pensamientos sin conectarse o relacionarse verdaderamente con su audiencia o miembros de equipo.

Signos de debilidad:

Los siguientes síntomas son indicadores de que establecer relaciones puede que no sea tu mejor cualidad:

1) Culpar a otros por los fracasos

2) Sentir que las personas te decepcionan o que no se puede confiar en ellas

3) Este es un claro indicador, por ejemplo: experimentar frecuentemente interacciones con otros que son desagradables, frustrantes o argumentativas

Qué hacer para fortalecer el relacionarse:

Si relacionarte con otros no es tu mejor cualidad, aquí te doy algunos consejos útiles que puedes implementar hoy mismo:

1) Escucha abiertamente a otros sin emitir juicios de valor. Hazlo en un intento de entender la perspectiva de la otra persona.

2) Anima a otros a emitir su opinión. ¿Qué es importante para ellos? ¿Cómo interpretan lo que ocurre? ¿Por qué?

3) Cuando expreses tus ideas, trata de explicar la razón detrás de ella, en vez de solo exponer la conclusión de la idea.

4) Evalúa las fortalezas de tus conexiones actuales: qué tan bien te relacionas con otros cuando recibes o das consejos, o cuando intentas resolver problemas difíciles, o cuando pides ayuda.

5) Antes de expresar tus ideas,

anticipa cómo otros reaccionaran a ellas y cuál sería una mejor forma de explicarlas.

Visualización:

Bien, ahora que ya hemos hablado acerca de hacer que las cosas tengan sentido y relacionarse con otras personas, los siguientes dos elementos son "visualización" e "innovación". Estas también van de la mano.

En Sudáfrica a principios de los años 90, una broma se escuchaba por todas partes. Dados los retos que enfrentaba el país, las personas tenían dos opciones, una práctica y otra milagrosa. La opción práctica era que todo el mundo rezara para que una banda de ángeles bajara del cielo y arreglara las cosas. La opción milagrosa era que las personas hablaran entre ellas hasta que dieran con una forma de salir adelante.

La visualización es realmente acerca de ver venir el futuro o una solución a un problema que resulta apremiante para ti y ser capaz de jalar a la gente en una dirección común.

Signos de debilidad:

Las siguientes características resaltan una capacidad limitada de visualización:

1) A menudo preguntarse: ¿Por qué hacemos esto? O ¿Realmente vale la pena?

2) No puedes recordar la última vez que sentiste emoción por tu trabajo

3) Experimentar que falta el sentido de un propósito

Qué hacer para fortalecer la visualización:

1) Practica creando una visión en muchas áreas, incluyendo tu vida laboral, en el hogar y en grupos comunitarios. Pregúntate ¿Qué quiero crear? Una de las grandes cualidades que poseen todos los seres humanos es la

habilidad de crear cosas.

2) Encuentra en el fondo de ti mismo qué te inspira. Mira ejemplos de otras personas y observa qué es lo que encuentras en ellos que sea inspirador. Construye una visión alrededor de eso. Lo que te motiva se traspasará a otros también. Escucha también lo que otros encuentran emocionante y relevante.

3) Usa imágenes, metáforas e historias para expresar situaciones complejas que les permita a otros actuar. Esto es más sencillo decirlo que hacerlo. Sin embargo, practica esto y en poco tiempo te irás haciendo mejor en contar historias.

4) No te pongas nervioso si no sabes como lograr tu visión. Si es convincente y creíble, otras personas descubrirán muchas formas de hacerlo realidad – formas que ni siquiera tú pensaste posibles jamás.

Espera que no todas las personas

compartan tu pasión por lo que visualizas. Debes estar dispuesto a innovar y modificar para construir una visión compartida.

Innovación:

Cualquier visión perderá su poder si no hay un vehículo para traerlo a la realidad. La innovación consiste en diseñar pasos prácticos, planes y procesos para traer esa visión a la vida. Lo que es importante entender es que para lograr esto necesitas la ayuda y el aporte de otros. La razón porque es llamado "innovación" es porque convertir tu visión en realidad no viene con un manual de instrucciones, así que los líderes necesitan encontrar maneras creativas de transformar las ideas en una realidad.

Para crear una nueva visión, las personas usualmente no pueden seguir haciendo las mismas cosas que venían haciendo. Necesitan concebir, diseñar y poner en práctica nuevas formas de interacción y organización. Facebook, eBay, Twitter son buenos ejemplos del mundo del internet que demuestran innovación a lo grande.

Signos de debilidad:

Busca ayuda en esta capacidad si:

1) Tienes dificultad identificando la visión de la compañía con lo que estás haciendo hoy en día

2) Las personas tienen problemas identificándose con tu visión comparado con lo que ellos están haciendo hoy en día

3) Notas brechas entre las aspiraciones de tu empresa y la forma en que el trabajo es organizado

4) Encuentras que no hay cambios en las cosas sino que suelen volver a su cauce original

Qué hacer para fortalecer la innovación:

Para cultivar la innovación prueba las siguientes técnicas:

1)   Cambia e innova las formas tradicionales de hacer las cosas o de implementar procesos.

2)   Motiva a otros también a encontrar formas creativas de hacer las cosas.

3) Experimenta con diferentes formas de organizar el trabajo. Encuentra métodos alternativos para agrupar y unir a la gente.

4) Cuando estés trabajando en entender tu entorno actual, pregúntate: ¿Qué otras opciones son posibles?

El liderazgo no se trata de ser perfecto sino de encontrar el balance correcto entre dar sentido, relacionarse con otros, visualizar, e innovar los procesos. Muchas veces, para alcanzar la perfección, nos agotamos y olvidamos que todos somos seres humanos. Así que busca ayuda en las áreas que necesitas y trata de rodearte de las personas correctas. Por "personas correctas" no necesariamente significa personas que te caigan bien sino personas que sepan lo que tú no sabes.

Espero que esta sección te haya dado un mejor entendimiento de cómo mejorar y evaluarte a ti mismo como líder. Extenderemos la discusión para mirar algunos conceptos erróneos que comúnmente tenemos sobre el liderazgo en la siguiente sección.

Capítulo 6

Conceptos erróneos comunes acerca del liderazgo

Muchas veces pensamos y hablamos de liderazgos basados en creencias y percepciones de perfección. Sin embargo, basado en la experiencia y la investigación, nos damos cuenta de que el liderazgo puede ser muy distinto en la realidad. Algunas ideas falsas comunes acerca del liderazgo que existen hoy en día causan confusión entre la gente y los líderes. El comportamiento humanos tiene incontables variables desde la experiencia y el conocimiento técnico, hasta nuestras visiones. No es fácil resumir el liderazgo en un montón de atributos. No obstante, en este libro, he intentado dibujar los principios fundamentales y características que hacen a unos líderes más efectivos que otros. Dicho esto, hablemos acerca de las ideas falsas y mitos que se han creado acerca de los líderes.

Todo el mundo puede ser un líder

Escuchamos esto todo el tiempo. De altos gerentes especialmente, donde han dicho "cada uno de nosotros es un líder. La verdad, sin embargo, es que en varios aspectos de la vida se requiere que tengamos cualidades de liderazgo, pero no todos somos líderes efectivos.

La razón es que no todos poseen la autoconciencia, autenticidad y características de un líder. Muchas veces dentro de las organizaciones vemos personas en posiciones de liderazgo luchando por conseguir lo que quieren. Si el liderazgo fuera algo fácil y natural para todo el mundo, probablemente no sería un tópico tan estudiado. El hecho es que no todos pueden ser líderes; requiere de práctica, habilidades y auto desarrollo para poder convertirse en uno. También encontrarás a muchas personas que no tienen el interés por desarrollar esas habilidades. Algunos prefieren vivir una vida más privada o estar más preocupados con sus vidas. Eso también es normal, solo se trata de preferencias. Sin embargo, es ciertamente acertado aprender y acumular habilidades en liderazgo para que, cuando sean necesarias en algún punto de la vida, no tengamos que luchar contra la falta de conocimiento de estas habilidades.

Los líderes garantizan resultados de negocio

Esto no siempre resulta verdad. Aunque las organizaciones contratan personas para posiciones de liderazgo, personas que son capaces de entregar resultados pero, la realidad es que muchas veces esos resultados no se alcanzan fácilmente. Toma tiempo, ensayo y error, sin importar el nivel de habilidades que esa persona tenga. Si alcanzar resultados fuera tan fácil como encontrar buenos líderes que hagan que el negocio de un giro, las empresas no enfrentarían tantos desafíos. Por lo tanto, esperar resultados garantizados de todos los líderes es realmente una fantasía. La historia y la experiencia han demostrado repetidas veces ejemplos de empresas bien lideradas que enfrentan retos cuando se trata de producir resultados.

Los líderes son personas que llegan a posiciones altas en una organización

De nuevo, no necesariamente cierto. Un individuo puede escalar posiciones gracias a otras habilidades como: perspicacia política, contactos, habilidades de comunicación, etc. Hay innumerables ejemplos de personas que están en posiciones muy altas en una organización y que no poseen grandes habilidades de liderazgo. Esto desalienta a las personas y hace que se cuestionen las habilidades personales para poder llegar a la cima. Los líderes son personas que tienen seguidores y pueden encontrarse en cualquier nivel de una organización. No solamente en la cima. Es verdad que estar arriba significa que la gente bajo su jerarquía "debería" seguirlo. Sin embargo, un verdadero líder enciende el deseo de ser apoyado. Esto puede ocurrir tanto en un grupo pequeño de personas como en uno grande.

Los líderes son grandes entrenadores

¡Rara vez! Muchas personas esperan que sus líderes tengan la habilidad de entrenarlos efectivamente. Pero un líder debería tener la habilidad de inspirar, visualizar y mover a la gente hacia un objetivo común. Entrenar a otros es un juego totalmente diferente que puede requerir muchas veces ser específico y brindar atención uno a uno. Entrenar y enseñar a otros es definitivamente una habilidad invaluable, pero está separada del liderazgo. Dicho esto, un líder que también es capaz de entrenar y guiar a otros es un bono extra y es una cualidad muy rara.

Ahora que tienes mayor claridad acerca del liderazgo, cómo funciona y qué cualidades requiere, vamos a avanzar hacia otro asunto importante. Y es cómo sacar lomejor de la gente que lideras. Este es probablemente el mayor desafío del liderazgo y requiere mucha paciencia, buenas relaciones y comprensión.

Capítulo 7

¿Cómo sacar lo mejor de la gente que lideras?

El verdadero secreto es tener la respuesta de por qué la gente debería seguirte. Si hubiese una fórmula mágica que lograra que la gente hiciera lo que tú quisieras, entonces el liderazgo sería pan comido. No obstante, los seres humanos necesitan una razón y un propósito para seguir a cierto individuo. Esto también está ligado a valores y creencias de la gente. Sin hablar de los valores que tú puedes aportar a otros.

La mejor forma de responder a esto es determinando qué tienes para ofrecer a los demás. Esto es solo la mitad de la ecuación. Combina el valor que darás a otros junto con algunas de las acciones que enunciaremos en este capítulo y las personas que te quieran seguir tendrán una razón fuerte para hacerlo y serás capaz de dar lo mejor a las personas.

El actor JimCarreyes conocido por sus habilidades como comediante. Adicionalmente, con el trabajo de años, fue capaz de llegar a la conclusión de que al lugar que vaya, él puede sacar lo mejor de las personas y puede hacer que los individuos entreguen sus mejores cualidades.

Esta es una maravillosa cualidad. Evitamos personas todo el tiempo porque simplemente no sacan lo mejor de nosotros. O quizás hasta puedan molestarnos o provocarnos. Este es exactamente el tipo de comportamiento que un líder debe evitar.

Sacar lo mejor de otros, especialmente como líderes, requiere que la persona sea auto consciente y utilice eso para revelar su debilidad ante otros. También abordaremos otras características como la habilidad de recopilar e interpretar señales interpersonales y ser diferentes.

Mostrar tus debilidades

Comienza por mostrar tus debilidades. No solo se trata de poner un frente robusto para demostrar a otros que puedes manejar absolutamente todo. Como líder, una persona debe estar en contacto con sus fallas y a veces debe ser capaz de revelarlas ante los demás. Sin embargo, la clave es no revelar una debilidad que pueda ser percibida por otros como fatal. Nadie quiere trabajar con un líder perfecto, si eres capaz de demostrarle a los demás que solo eres humano con fortalezas y debilidades, las personas se abrirán contigo también. Al mismo tiempo, esto abre las puertas de la empatía con otros. Lo que esto hace es que la gente mantenga una mentalidad más abierta hacia ti. Revelar debilidades ayuda a desarrollar colaboración y solidaridad entre tu persona y tus seguidores.

Tener en cuenta las emociones y pensamientos de otros

Lo siguiente es tener en cuenta las emociones y pensamientos de los demás. Convertirse en un sensor de los mensajes que no se dicen de los miembros del equipo y subordinados. Las personas no verbalizan todo, pero se pueden comunicar con su expresión facial, lenguaje corporal y otros indicadores. Como líder, debes ser capaz de percibir sus modos de comunicación y responder acordemente. Esta es una herramienta poderosa. Inmediatamente construye una relación y le dice a otros que estás tomándolos en cuenta y en sintonía con su entorno.

Antes de que cualquier cambio sea traído o implementado debes comunicar, comprender y tener en cuenta la situación individual de los demás, eso representa ganar la mitad de la batalla. Las personas se inclinan más a apoyar líderes que representan sus puntos de vista, pensamientos y valores. Mientras más una persona esté en sintonía y tome en cuenta a sus seguidores mejor será el apoyo y las ganas de seguirlo.

Empatía

Ser consciente también está ligado a tener empatía. Ahora, comprender a otros viene con un propósito. Crear empatía con todos y sus emociones puede ser difícil. No obstante, como líder, la empatía es un mecanismo para ayudar a las personas a lograr mejores resultados con su trabajo. Así que la empatía está más relacionada al trabajo que otros realizan. Si te presentas como alguien a quien solo le importan los resultados, sin prestar atención a los retos que enfrentan las personas mientras realizan su trabajo, las probabilidades son que tengas dificultad o en lograr hacer que los demás den lo mejor de si. Cuando un líder está genuinamente preocupado por dar soluciones y hacer la vida en el trabajo mejor para otros, entonces la gente estará más motivada a actuar y traer resultados.

Sé diferente

Atrévete a ser diferente; hacer lo mismo siempre traerá los mismos resultados de los demás. Cuántas veces al equipo organizando eventos que están estructurados en la misma forma de los viejos tiempos: un almuerzo o una cena. Recuerdo estar trabajando con uno de mis gerentes quien era excelente en traer nuevas ideas y formas para construir relaciones entre el equipo. En vez de simplemente tener almuerzos de la compañía y dar los mismos discursos de la vieja escuela reconociendo a miembros del equipo específicos, él planeaba un juego de Paintball o un Safari ¡Algo emocionante y diferente para el equipo! ¿Cómo esto tuvo impacto sobre el equipo? Pues la experiencia fue más enriquecedora para todos y una vez que regresamos al trabajo, los lazos eran más fuertes, la comunicación era mejor y "queríamos" trabajar como equipo. El grupo estaba emocionado y renovado. Realizar el mismo enfoque tradicional de llevarlos a almorzar nunca hubiera sacado tanto de los miembros del equipo.

Así que piensa fuera de la caja, atrévete a probar algo diferente cuando se trate de los miembros del equipo. Esto estimulará la construcción de mejores relaciones y traerá resultados a la larga.

Implementa estas técnicas y no existirán razones para que la gente no te siga. Si eres capaz de crear emoción dentro del equipo, dar soluciones a su trabajo, ser consciente de sus emociones y ser vulnerable en algunos momentos; entonces la gente se abrirá contigo. Así, tendrán una razón para seguirte que diga "esta persona es como nosotros, nos entiende, hará la vida mejor para nosotros" Y esa es la razón de por qué la gente sigue a alguien.

Capítulo 8

Ideas para empezar a practicar hoy

Con tanta literatura disponible sobre el liderazgo y una gran cantidad de puntos mencionados en este libro, me gustaría dejarte con algunas formas para pasar a la acción de manera simple y empezar a practicar desde hoy. Esto te permitirá mejorar tus habilidades de liderazgo al instante. Si tratas de incorporar estas técnicas en tu trabajo y vida diarios, verás cambios dramáticos. Personalmente las he probado y me he sorprendido con los resultados. Dicho esto, a algunas personas les puede tomar más tiempo que a otras para demostrar resultados de cualquiera de los principios aprendidos. Sin embargo, estoy seguro de que practicando estas ideas (aunque no sea perfecto al principio) te transformarán en un mejor, más fuerte y más agradable líder para los demás.

La investigación y la experiencia demuestran que los individuos pueden aprender habilidades de liderazgo y las personas que ya las tienen pueden mejorarlas. He desarrollado los siguientes puntos:

- Enfócate más en obtener resultados que en perfeccionar tu conocimiento – Demasiadas veces nos involucramos más con detalles de cada instante perdiendo de vista el conjunto general de la situación. El conocimiento es una herramienta para ayudarnos a obtener los resultados que buscamos. Enfócate en obtener resultados y juntar información que sea beneficiosa para obtenerlos. La información irrelevante debe ser descartada de inmediato. Adicionalmente, no es posible saber acerca de cada detalle, sin embargo, saber lo suficiente para poder avanzar hacia una meta, es mucho más efectivo. Esta es la razón por la que los líderes efectivos entienden que los miembros del equipo contribuyen con su conocimiento y habilidades únicos. Con esta mentalidad, están mejor preparados para utilizar el conocimiento de los demás en vez de tratar de perfeccionar su propio conocimiento.

- En vez de ver las metas como algo que deba alcanzarse refleja el valor de las metas en sí mismas con el propósito de mejorar metas futuras. Todos planteamos metas para ser alcanzadas, pero da un paso atrás y observa qué tan valiosas son esas metas. Establecer mejores metas te permitirá traer mayores cambios en la vida de las personas que lideras. Al obtener más experiencia logrando metas trata de subir los niveles de estándar y busca mayores estándares al fijar las metas.

- **Involúcrate en el desarrollo entre pares.** Es difícil darle atención y tiempo a todos para que se desarrollen. Pero lo que puede ser más efectivo es tener a miembros de tu equipo ayudándose a mejorar unos a otros. Crea colaboración, unidad y confianza entre los miembros del equipo. Esta es una cualidad que no tiene precio.

- **Sé consciente de lo que está en la mente y corazones de las personas** ycómo puedes crear un impacto positivo en ellos. Muchas veces los líderes avanzan empujando su visión sobre otros. Esto resulta en frustración y agotamiento. Si eres capaz de conectar con los valores y creencias de otros, con la intención de conseguir un resultado positivo, tendrás mucho éxito en conseguir y traer el cambio. Además es más fácil y más eficiente. Es crucial para los líderes conocer los valores de los miembros de su equipo y encaminarlos en una dirección positiva. Sin embargo, se cauteloso en no utilizar los valores de los demás como una táctica de manipulación para avanzar con tu propia agenda. Suena como algo terrible, pero a menudo la gente lo hace, y no toma mucho tiempo para que los otros se den cuenta. Cuando esto ocurre, los resultados más comunes son la rebelión y conflictos con los miembros del equipo.

Espero que encuentres estos breves y directos puntos, fáciles y dignos de implementar en tu vida diaria. Sin entrar en muy detalladas investigaciones ni hallazgos, estos puntos básicos han ayudado a transformar a muchos individuos en líderes efectivos y les ha ayudado a traer cambios y resultados más allá de su comprensión. Por lo tanto recomiendo ampliamente que comiences a practicar estos hábitos desde hoy.

Conclusión

Te doy las gracias sinceramente por haber descargado este libro y espero que ahora tengas un nueva comprensión del liderazgo, y que seas capaz de implementar las técnicas presentadas en este libro para proporcionar un mayor y más positivo cambio en tu vida y en la vida de otros.

Las cualidades de liderazgo son necesarias para la vida y no solo deben estar reservadas para altos ejecutivos. Sobre todo, se trata de convertirse en una mejor persona y en tener una influencia positiva. Practicando estas habilidades, definitivamente serás capaz de sobresalir por encima del resto, quienes pueden conformarse con un enfoque más pasivo. Serás capaz de crear un mejor futuro y atraer oportunidades a tu vida.

Siéntete libre de revisar este libro para recordar los principios mencionados o simplemente utilizarlo como una guía de referencia. Gracias y sinceramente te deseo la mejor de las suertes.

www.ingramcontent.com/pod-product-compliance
Lightning Source LLC
Chambersburg PA
CBHW051724020426
42333CB00014B/1144